QUANDO SEU FILHO NÃO QUER COMER
(OU COME DEMAIS)

IRENE CHATOOR

QUANDO SEU FILHO NÃO QUER COMER
(OU COME DEMAIS)

O GUIA ESSENCIAL PARA PREVENIR, IDENTIFICAR E TRATAR PROBLEMAS ALIMENTARES EM CRIANÇAS PEQUENAS

Título do original em inglês: *When your child won't eat or eats too much – A parents' guide for the prevention and treatment of feeding problems in young children*
Copyright © 2012 by Irene Chatoor, MD

Este livro contempla as regras do Acordo Ortográfico da Língua Portuguesa.

Editor gestor: Walter Luiz Coutinho
Editora de traduções: Denise Yumi Chinem
Produção editorial: Priscila Pereira Mota Hidaka, Cláudia Lahr Tetzlaff e Karen Daikuzono
Assistência editorial: Gabriela Rocha Ribeiro

Tradução: Ana Hounie
   Psiquiatra, Doutora em Ciências pela Faculdade de Medicina da
      Universidade de São Paulo (FMUSP)
   Supervisora na Unidade de Psiquiatria da Infância e Adolescência (UPIA)
      da Universidade Federal de São Paulo (Unifesp)

Revisão de tradução e revisão de prova: Depto. editorial da Editora Manole
Diagramação: Anna Yue
Capa: Aline Shinzato da Silva
Coordenação de arte: Ricardo Yoshiaki Nitta Rodrigues

Dados Internacionais de Catalogação na Publicação (CIP)
(Câmara Brasileira do Livro, SP, Brasil)

Chatoor, Irene
   Quando seu filho não quer comer (ou come demais) : o guia essencial para prevenir, identificar e tratar problemas alimentares em crianças pequenas / Irene Chatoor ; [tradução Ana Hounie]. -- Barueri, SP : Manole, 2016.200

   Título original: When your child won't eat or eats too much – A parents' guide for the prevention and treatment of feeding problems in young children
   Bibliografia.
   ISBN 978-85-204-4675-1

   1. Crianças - Crescimento 2. Crianças - Criação 3. Crianças - Nutrição 4. Distúrbios alimentares em crianças 5. Fisiologia da nutrição infantil 6. Pediatria 7. Puericultura I. Título.

16-01666   CDD-649.3

Índices para catálogo sistemático:
   1. Crianças : Alimentação e crescimento : Puericultura 649.3

Todos os direitos reservados.
Nenhuma parte deste livro poderá ser reproduzida, por qualquer processo,
sem a permissão expressa dos editores.
É proibida a reprodução por xerox.
A Editora Manole é filiada à ABDR – Associação Brasileira de Direitos Reprográficos.

Edição brasileira – 2016

Direitos em língua portuguesa adquiridos pela:

Editora Manole Ltda.
Av. Ceci, 672 – Tamboré
06460-120 – Barueri – SP – Brasil
Fone: (11) 4196-6000
Fax: (11) 4196-6021
www.manole.com.br
info@manole.com.br

Impresso no Brasil
Printed in Brazil

Nota: As informações, ideias e sugestões apresentadas neste livro não foram elaboradas com o intuito de substituir o aconselhamento médico profissional. Antes de seguir quaisquer orientações presentes na obra, o leitor deve consultar o seu médico. Nem o autor nem o editor são responsáveis por qualquer prejuízo ou dano supostamente decorrentes do uso ou aplicação de qualquer informação ou sugestão presentes neste livro.

Em memória de minha mãe, Maria Koch. Seu amor e sacrifícios permitiram-me seguir minha formação e descobrir uma profissão que continua a me desafiar e a enriquecer minha vida ao ver crianças pequenas desabrocharem diante dos meus olhos.

Sumário

Sobre a autora xi
Prefácio xiii
Apresentação à edição brasileira xv
Agradecimentos xvii
Introdução xix
Como usar este livro xxiii

Capítulo 1 Os desafios do desenvolvimento da alimentação
nos primeiros anos de vida......................... 1
   A introdução do alimento sólido 1
   A transição para a alimentação independente ... 3
   Trazendo seu filho para a mesa da família 7
   Por quanto tempo as crianças devem ser mantidas à mesa 10
   Quantos alimentos diferentes os pais devem oferecer durante
uma refeição 11

Capítulo 2 Facilitando hábitos saudáveis de alimentação.... 13
   Ajudando seu filho a reconhecer a fome 13
   Ajudando seu filho a reconhecer a saciedade ... 14
   O que evitar durante as refeições 15
   Resumo de diretrizes alimentares para ajudar seu filho a aprender
a comer de acordo com as sensações de fome e de saciedade.... 23

Capítulo 3 Estabelecendo limites para o pequeno chefe
da família... 25
    A luta por autonomia e controle 25
    A criança de 2 anos com problemas alimentares 26
    Como domar o pequeno chefe 27
    O procedimento de pausa 28
    Resumo do procedimento de pausa para ajudar seu filho
    a se acalmar, aceitar limites e adquirir autocontrole........... 37

Capítulo 4 Crianças que raramente mostram sinais de fome:
anorexia infantil 39
    Como a anorexia infantil se desenvolve 39
    O impacto da anorexia infantil sobre os pais................ 41
    O que torna essas crianças especiais 42
    O que pode explicar as diferenças nos comportamentos
    de alimentação e sono................................. 44
    O que acontece quando essas crianças ficam mais velhas 44
    Como os pais podem ajudar seus filhos.................... 46

Capítulo 5 Crianças seletivas para comer.................. 57
    Crianças que mudam frequentemente suas preferências
    alimentares 58
    Crianças que recusam sistematicamente determinados
    alimentos: aversões alimentares sensoriais (AAS) 62
    Estudos que ajudam a entender as aversões alimentares
    sensoriais.. 69
    Um modelo para entender as aversões alimentares sensoriais ... 74
    Como os pais podem ajudar os filhos que têm aversão
    alimentar sensorial................................... 76

Capítulo 6 Crianças que têm medo de comer:
transtorno alimentar pós-traumático......................... 97
    Sinais de transtorno alimentar pós-traumático em bebês 97

O que os pais podem fazer para ajudar seus bebês
amedrontados 98
Sinais de transtorno alimentar pós-traumático em crianças
entre 1 e 3 anos e crianças maiores 102
O que torna algumas crianças vulneráveis ao transtorno
alimentar pós-traumático 105
Como os pais podem ajudar 106

Capítulo 7   Crianças que têm mais de um transtorno
alimentar 109

Capítulo 8   Crianças que comem demais 119
Como entender o comportamento alimentar de crianças
obesas 119
O que podemos aprender a partir dos estudos científicos 121
Como os pais podem ajudar seus filhos a regular internamente
sua alimentação 124

Capítulo 9   Todos a bordo! 139
A importância das refeições em família 139
O papel dos avós 140
O papel de outros cuidadores 143

Referências bibliográficas 147

Sobre a autora

Irene Chatoor (MD) é médica formada pela Ruperto-Carola University, Professora de Psiquiatria e Pediatria da Escola de Medicina da George Washington University School, Vice-coordenadora do Departamento de Psiquiatria do Children's National Medical Center em Washington, DC, e diretora do Programa de Saúde Mental da Primeira Infância (Infant and Toddler Mental Health Program) do Sistema Nacional de Saúde Infantil (Children's National Health System), nos Estados Unidos.

Dra. Chatoor escreveu mais de 60 artigos e capítulos de livros e possui certificação de excelência nas áreas de pediatria, psiquiatria e psiquiatria infantil pelos órgãos American Board of Pediatrics (ABP), American Board of Psychiatry/Neurology-Psychiatry e American Board of Psychiatry/Neurology-Child Psych.

É especialista em distúrbios alimentares em crianças reconhecida internacionalmente e pioneira nessa área, tendo desenvolvido as classificações dos diferentes tipos de transtornos e respectivos tratamentos. Chatoor realizou contribuições fundamentais nesse campo de atuação, ajudando os pais a entender e lidar com os desafios e particularidades do desenvolvimento da alimentação nos primeiros anos de vida da criança.

Prefácio

Neste livro, a Dra. Irene Chatoor disponibiliza a todos os pais que têm encontrado desafios para alimentar seus filhos métodos efetivos para solucionar suas dificuldades. Aqui, eles irão obter os benefícios oferecidos por uma psiquiatra pediátrica que, por meio de pesquisas originais e observações sistemáticas, fez contribuições fundamentais nesse campo. A avaliação do desenvolvimento infantil feita pela autora é a base de sua inovadora classificação dos transtornos alimentares. Nela, a atuação médica é colocada além da divisão simplista entre problemas médicos e "comportamentais", alçando-a a um patamar que permite a abordagem de questões fundamentais, como a origem do apetite, a seletividade excessiva baseada em dificuldades sensoriais e o medo de se alimentar em razão de experiências traumáticas que devem ser levadas em consideração.

A Dra. Chatoor recebeu o apoio do Instituto Nacional de Saúde dos Estados Unidos (NIH) em sua pesquisa voltada para a descrição e o tratamento de um grupo de crianças (com quadro de anorexia infantil), cujas características fisiológicas afetam o desenvolvimento de um ciclo normal de saciedade e as predispõem a conflitos com seus pais. Ela mostra como prevenir as dificuldades alimentares e estabelecer a disciplina sem que seja necessário recorrer a medidas coercivas. Além disso, o trabalho desenvolvido pela Dra. Chatoor tem sido fundamental na descrição das consequências adversas da alimentação forçada, tanto em crianças mal nutridas como nas bem nutridas.

Minha confiança neste livro se baseia nos 25 anos em que tenho tido o privilégio de observar a interação da Dra. Chatoor com os pais de crianças com transtornos alimentares e de assistir a suas palestras para pediatras e profissionais da área da saúde. Sua habilidade de se apropriar de ideias complexas e sintetizá-las em modelos funcionais de terapia pode ser atestada pela grande quantidade de crianças que já se beneficiou de seus *insights*.

Benny Kerzner, MD
Chefe emérito do Departamento de Gastroenterologia Pediátrica, Nutrição e Hepatologia e Professor de Pediatria da George Washington University/Children's National Medical Center, Washington, DC, EUA

Apresentação à edição brasileira

Ao se fazer a pergunta "quando seu filho não quer comer?" ou "quando ele come demais?", podemos esperar da absoluta maioria de mães e pais a resposta: "Sempre"! Este fato reflete a insatisfação que, geralmente, as famílias têm com a alimentação de seus herdeiros, na maior parte das vezes gerando grande desconforto entre todos os seus membros (mãe *versus* pai; mãe *versus* filho; pai *versus* filho; avós *versus* todos, e assim por diante). De maneira geral, acredita-se que distúrbios do comportamento alimentar façam parte obrigatória do crescimento e que todos que têm filhos devem passar pelos mesmos apuros.

Esta obra nos ensina que não é assim. Há várias causas e várias consequências, que vão desde a maneira como sentamos um bebê à mesa pela primeira vez ao tipo de alimento oferecido e à forma como reagimos ao seu comportamento. Assim, podemos favorecer (ou evitar) o aparecimento da anorexia infantil, da seletividade, do transtorno alimentar pós-traumático e da obesidade. Aprendemos como são fundamentais as primeiras sensações ligadas ao *comer* na determinação de comportamentos futuros e que "comer bem" ou "comer mal" são reflexos de algo muito maior, que envolve todo o processo de desenvolvimento. Os pais, assim como os pediatras e cuidadores de crianças, vão reconhecer nesta obra tantas e tantas situações já vivenciadas e poderão, após esta leitura, agir com muito mais discernimento e tranquilidade.

Há muitas crianças com distúrbios alimentares precisando de ajuda. E agora que estamos municiados para entender a complexidade do problema (tão bem esclarecida também pela discussão de casos clínicos ilustrativos), como diz a Dra. Irene Chatoor, vamos todos a bordo!
Boa leitura!

Fabio Ancona Lopez
Pediatra Nutrólogo e Professor Titular aposentado da disciplina de Nutrologia do Departamento de Pediatria da Universidade Federal de São Paulo (Unifesp)

Agradecimentos

Gostaria de agradecer a todas as crianças e pais que acompanhei nos últimos 30 anos no Children's National Medical Center (Centro Médico Nacional Infantil) de Washington, DC, EUA – especialmente aqueles que participaram de nossas pesquisas. Eles compartilharam comigo suas lutas diárias e me ajudaram a descobrir a melhor maneira de ajudá-los.

Também quero agradecer aos muitos colegas que trabalharam comigo durante esses anos. Eles fizeram parte de nossa equipe multidisciplinar de transtornos alimentares, composta por gastroenterologistas, psiquiatras, psicólogos, enfermeiros, nutricionistas, terapeutas ocupacionais e fonoaudiólogos. Gostaria de externar minha gratidão especial ao Dr. Benny Kerzner, professor de pediatria, que me apoiou e exigiu o melhor de mim por mais de 25 anos, e a Laura McWade-Paez, uma enfermeira clínica que desempenhou o papel de coordenadora de nossa equipe multidisciplinar por quase todo esse tempo e se transformou em uma especialista em transtornos alimentares por seu próprio esforço e mérito. Foi o trabalho de todas essas pessoas que me permitiu uma compreensão mais ampla dessas questões.

Também gostaria de expressar minha gratidão aos amigos que compartilharam comigo suas experiências de alimentação com seus filhos, e a duas pessoas especiais, Nicole Barber e Judith Kerzner Ross, que contribuíram com críticas e revisaram esta obra.

Introdução

Nos últimos anos, tenho recebido muitos e-mails de pais de diferentes regiões dos Estados Unidos, e alguns da Europa, pedindo ajuda para enfrentar as dificuldades de alimentar seus filhos. Eles relatam que, depois de lerem alguns de meus artigos, passam a compreender pela primeira vez os problemas de alimentação de suas crianças. Vários expressam seu desespero por ajuda para seus filhos e contam sobre suas angústias por não serem compreendidos pelos profissionais que consultaram. Essas experiências me incentivaram a escrever este livro. Espero que, ao lê-lo, os pais possam entender e lidar melhor com os desafios do desenvolvimento da alimentação infantil e suas dificuldades especiais desde os primeiros anos de vida.

No primeiro capítulo, trato do desenvolvimento da fase inicial da alimentação infantil, de como introduzir alimentos sólidos, como fazer a transição entre o bebê que precisa ser alimentado e a criança que come sem ajuda, como agregá-la às refeições da família, quanto tempo mantê-la à mesa e a quantidade de comida a ser oferecida em cada refeição. No segundo, descrevo diretrizes específicas para ajudar as crianças a desenvolverem uma regulação interna e um padrão saudável de alimentação. Já no terceiro capítulo, discuto o estabelecimento de limites para "o pequeno chefe da família" e como ensinar as crianças a se acalmarem. Estes três primeiros capítulos são úteis para prevenir problemas alimentares e dificuldades de alimentação futuras em todas as crianças. São fundamentais para o tratamento de crianças que não comem o suficiente, como no caso da anorexia infantil, e daquelas que comem muito, o que conduz à obesidade.

Os capítulos seguintes tratam de transtornos alimentares específicos, de como eles se desenvolvem, o que podemos aprender a partir das pesquisas para entendê-los melhor, e o que os pais podem fazer para ajudar os filhos que apresentam esses transtornos. O Capítulo 4 está centrado especificamente na anorexia infantil, a criança com pouco apetite que raramente mostra sinais de fome, que acaba ficando abaixo do peso e que geralmente tem seu crescimento limitado. No final do capítulo apresento dois casos: os sintomas e o desenvolvimento de uma criança que não recebeu nenhuma intervenção específica e o de outra cujos pais participaram de forma bem-sucedida de nosso estudo de tratamento da anorexia infantil.

O Capítulo 5 aborda os comedores seletivos. Esse é o transtorno de alimentação mais comumente encontrado entre as crianças mais novas. Explico a diferença entre aquelas cujas preferências alimentares mudam com frequência e as que recusam sistematicamente certos alimentos por causa do gosto, textura, temperatura, cheiro ou aparência. Descrevi esse transtorno alimentar como aversão alimentar sensorial e, utilizando informações da literatura científica, desenvolvi um modelo para compreendê-lo e tratá-lo. No fim desse capítulo, descrevo o quadro clínico e o tratamento de algumas crianças de diferentes idades e com vários níveis de gravidade de sintomas de aversões sensoriais a alimentos e outras dificuldades relacionadas.

É bom ter em mente que ambos os transtornos – a anorexia infantil e as aversões alimentares sensoriais – possuem uma grande variedade de sintomas e podem ocorrer simultaneamente em uma mesma criança. Como explico no Capítulo 7, é fundamental que a intervenção aborde os dois transtornos para que o tratamento seja bem-sucedido. Também é importante salientar que quanto mais cedo eles forem diagnosticados e tratados, melhores serão os resultados da intervenção.

No Capítulo 6, apresento um distúrbio alimentar menos comum: a criança com transtorno pós-traumático que tem medo de comer. Esse problema pode ocorrer em qualquer idade a partir da infância e também foi relatado em adultos. Crianças que desenvolvem esse transtorno frequentemente lutam contra uma ansiedade subjacente e, em geral, precisam de ajuda profissional.

O Capítulo 7 ocupa-se de crianças que têm dois ou mais transtornos alimentares ao mesmo tempo. A combinação mais comum é a anorexia infantil e aversões alimentares sensoriais, mas outras combinações podem ser encontradas, como a de aversões sensoriais e distúrbio pós-traumático. É muito importante que cada transtorno seja diagnosticado e abordado, para que o tratamento seja bem-sucedido. E, por serem complexos, esses transtornos alimentares são de difícil tratamento e normalmente requerem intervenção profissional.

O Capítulo 8 se concentra em crianças que comem muito e em como é possível entender seu comportamento e ajudá-las a mudar. Esse distúrbio foi incluído no livro porque tenho observado casos de famílias que têm um filho de baixo peso e altura, com anorexia infantil, e um segundo filho alto e com sobrepeso. Isso revela uma forte predisposição genética para transtornos alimentares. Contudo, quando os pais introduzem diretrizes alimentares para a família e os filhos aprendem a regular internamente sua alimentação, os que estão abaixo do peso começam a comer mais e têm ganho, enquanto aqueles com sobrepeso passam a comer menos, param de engordar e alguns até mesmo emagrecem.

Isso tudo conduz ao último capítulo, que coloca "todos a bordo". Comer deveria ser um assunto da família, e a prevenção e tratamento de dificuldades alimentares só podem ser bem-sucedidos quando os pais participam e colocam "a bordo" todos aqueles envolvidos na alimentação de seus filhos. Eu sempre lembro aos pais que aquilo que é bom para suas crianças também é bom para eles mesmos. Refeições regulares com a participação de toda a família beneficiam a todos, além de promover a união.

Como usar este livro

Pais que querem ajudar seus filhos a desenvolver hábitos saudáveis de alimentação nos importantes três primeiros anos de vida devem ler os três capítulos iniciais deste livro para percorrer essa etapa inicial de desenvolvimento. Nesses primeiros anos, os fundamentos dos hábitos alimentares das crianças são lançados e, frequentemente, práticas inadequadas (como lanches sem horários determinados; comer na frente da TV; consumir doces, sobremesas e "porcarias" fora de hora e com frequência) se instalam. Uma vez acostumados a comer dessa maneira, sua alimentação não é mais regulada por necessidades fisiológicas, mas controlada por hábitos e exigências emocionais. Constantemente, é assim que tem início a *alimentação desregulada,* que torna as crianças vulneráveis ao sobrepeso ou a desenvolver transtornos alimentares ao longo da infância, adolescência ou vida adulta.

Se os pais já enfrentam dificuldades alimentares com seus filhos, sugiro que deem uma olhada no sumário e procurem os capítulos que dizem respeito a suas maiores preocupações. Se suas crianças raramente dão sinais de fome e são, por outro lado, ativas e brincalhonas, devem ler o capítulo sobre anorexia infantil. Por outro lado, se são seletivas e recusam sistematicamente determinados alimentos, devem ler o capítulo sobre comedores seletivos e aversões alimentares sensoriais. Para aqueles cujos filhos têm ambos os problemas – recusam-se a comer certos alimentos ou só comem pequenas porções, mesmo quando se trata de seus pratos preferidos –, devem ler ambos os capítulos (sobre anorexia infantil e sobre aversões alimentares sensoriais alimentares) e o Capítulo 7, que fala sobre crianças que apresentam mais de um transtorno ao mesmo tempo.

Se a criança parece temer a alimentação depois de ter passado pela experiência de se sufocar, engasgar ou vomitar enquanto comia, ou se foi submetida a procedimentos médicos, como ser alimentada ou respirar por tubos, os pais devem ir ao Capítulo 6, que aborda transtornos alimentares pós-traumáticos. Por outro lado, se a criança come em excesso, o Capítulo 8 é o que trata desse assunto.

Depois de ler o capítulo que fala do problema específico, recomendo a leitura dos Capítulos 2 e 3, que ajudarão os pais a estabelecer hábitos alimentares saudáveis para seus filhos. Como mencionei anteriormente, as diretrizes e o estabelecimento de limites são importantes para todas as crianças, além de fundamentais para aquelas que comem pouco ou em excesso, a fim de ensinar-lhes a regular sua alimentação de acordo com as sensações de fome ou saciedade.

Este livro não pretende substituir a procura por ajuda profissional para crianças com dificuldades alimentares, seja do pediatra da família ou outro especialista. Ele não é indicado para dificuldades alimentares que podem estar associadas a problemas neurológicos ou médicos, e não tem a intenção de dar conselhos sobre dietas para os pais. Escrevi este livro para ajudá-los a evitar que seus filhos tenham transtornos alimentares e para socorrê-los, em especial os que não têm acesso a ajuda profissional para os problemas comportamentais de seus filhos no que concerne à alimentação.

Capítulo 1

Os desafios do desenvolvimento da alimentação nos primeiros anos de vida

Durante os primeiros anos de vida, os bebês e as crianças pequenas têm de aprender a fazer a transição do consumo exclusivo de leite para alimentos sólidos. Eles também precisam aprender a se alimentar sozinhos e a reconhecer os sinais emitidos por seus corpos, tais como fome e saciedade. Além disso, têm de aprender a lidar com as próprias emoções.

Enquanto para a maior parte das crianças essas funções do desenvolvimento inicial parecem evoluir sem problemas, outras encontram dificuldades para lidar com essas novas experiências. Na verdade, de 25 a 50% dos pais relatam ter enfrentado desafios na alimentação de seus filhos durante a infância.

A introdução do alimento sólido

Em geral, os pediatras recomendam que os pais acrescentem cereais infantis na alimentação de seus bebês por volta dos 6 meses de vida e então introduzam papinhas, frutas e vegetais a essa dieta. Aos 10 meses, muitos começam a receber papinhas mais consistentes, com sabor e pedaços de carne. Essa transição para comida de bebê pode se transformar em uma experiência desafiadora para algumas crianças e seus pais.

Em geral, a recomendação é que os pais introduzam apenas um novo tipo de alimento por vez à dieta dos filhos e esperem alguns dias ou uma semana antes de oferecer-lhes algo novo. Isso permite observar se a criança tem alguma reação alérgica à novidade apresentada, como erupções de pele ou diarreia, e permite que ela tenha tempo para se acostumar com o sabor do novo alimento. Muitas podem se mostrar resistentes a novos sabores e texturas. Podem não gostar de alguns tipos de papinha em um primeiro momento e recusar a segunda colherada, mas, em um outro momento, se mostrar dispostas a comê-la novamente e, aos poucos, irem se acostumando, e passar até mesmo a gostar do que antes era uma novidade. Pode levar dez ou mais tentativas em diferentes dias até que o bebê passe a apreciar o novo alimento.

No entanto, algumas crianças são sensíveis ao sabor, textura, temperatura ou cheiro de certos alimentos e podem apresentar *reações aversivas* a eles em uma primeira tentativa. Se seu filho faz careta e vira o rosto diante de uma colher com um alimento novo, pode-se tentar novamente em outra ocasião, servindo uma porção menor acompanhada de um alimento do qual ele goste. A quantidade pode ser aumentada gradativamente até que a criança passe a aceitá-la sem fazer careta. Por fim, ela pode até mesmo passar a gostar do que inicialmente lhe causou aversão.

Por outro lado, se seu filho cospe, engasga ou vomita o alimento, recomendo que ele não seja oferecido outra vez. Em minha experiência, os bebês parecem reter memórias emocionais e ficam assustados ao se depararem novamente com o alimento ou outra comida que lhes recorde aquele alimento que foi rejeitado. Bebês e crianças pequenas parecem generalizar os alimentos por sua cor e aparência. Se seu filho apresentar uma reação aversiva a uma papinha verde de legumes, ele pode se recusar a experimentar todos os alimentos verdes.

Algumas crianças são especialmente sensíveis à textura dos alimentos e podem ter reações intensas, como engasgar ou vomitar, quando experimentam papinhas com pedaços ou misturadas com outros alimentos. Vi tantas crianças cujos transtornos alimentares começaram com a introdução dessas papinhas infantis com diferentes texturas que recomendo de forma enfática que quando houver qualquer *reação aversiva* forte, essa etapa seja completamente evitada e que, em vez disso, alimentos macios sejam levados à mesa.

A transição para a alimentação independente

Variações de temperamento e cultura

No primeiro ano de vida, pais e filhos estabelecem um sistema mútuo de comunicação; por meio desse sistema, os pais aprendem a ler os sinais de fome e saciedade de seus filhos, alimentando-os de acordo com essa leitura. Aos 8º ou 9º meses, a criança se torna mais capaz. Ela aprende a sentar-se de forma independente e passa a usar a habilidade de pinçar os dedos polegar e indicador para pegar coisas pequenas. Nessa idade, muitas começam a se interessar pelo processo de alimentar-se. Usam colheres, outros talheres e utensílios para brincar, geralmente atrapalhando os esforços de seus pais para alimentá-las. Esse é o começo de um período desafiador, quando no decorrer de cada refeição o adulto e a criança acabam tendo que negociar quem irá conduzir a colher à boca, isto é, se ela será alimentada ou comerá sozinha.

Durante essa transição para a alimentação autônoma, vi muitas variações no comportamento de cada criança e também entre os pais de diferentes culturas. Na América do Norte, o processo se inicia com a maioria delas entre o 9º e o 18º mês de vida. No entanto, existem diferenças individuais significativas entre crianças com temperamentos diversos. Há aquelas que agarram a colher aos 9 meses de idade e fecham a boca quando as mães tentam alimentá-las, e também aquelas que só adquirem a habilidade de comer sozinhas quando têm 2 ou mais anos de idade.

O exemplo que se segue é de uma criança que insistia em se alimentar sozinha precocemente, aos 9 meses de idade, e de como sua mãe lidou com isso.

> **Um caso de alimentação independente precoce**
>
> Uma amiga e colega me trouxe uma fita de vídeo que mostra sua filha de 9 meses gritando a plenos pulmões quando ela tentava aproximar a colher para alimentá-la, e me disse: "Pelo jeito que ela grita,

> alguém poderia imaginar que eu tenho uma arma na mão." Contou-me que era impossível continuar alimentando a filha com uma colher porque ela queria comer sozinha. Minha amiga oferecia-lhe mamadeiras com leite e alimentos que a menina pudesse pegar com as mãos, enquanto aprendia a segurar a colher de modo que pudesse levar um pouco de papinha à boca. Levou três meses para que ela conseguisse manejar a colher de forma bem-sucedida e, durante esse período, não ganhou peso. No entanto, quando se tornou capaz de manusear a colher para se alimentar, seu crescimento disparou e ela se transformou em uma brilhante e adorável garota cheia de vontade e determinação.

Por outro lado, existem crianças que preferem que os pais as alimentem até depois dos 2 anos. Geralmente, elas são mais dependentes por natureza ou têm *problemas sensoriais*, não apenas em relação ao sabor e à textura de certos alimentos, mas também ao contato do alimento com as mãos e com a área ao redor da boca. Elas preferem que seus pais as alimentem, porque são mais ágeis no manejo da colher, evitando assim que suas mãos e bocas fiquem "meladas".

O exemplo seguinte mostra uma criança que, aos 5 anos de idade, ainda preferia ser alimentada a alimentar-se sozinha.

Um caso de preferência pela alimentação passiva

> Uma amiga me contou que, enquanto trabalhava por longas horas, a sogra cuidava de sua filha, inclusive alimentando-a. Minha amiga não sabia que a filha estava tendo dificuldades para comer até o dia em que, logo depois que ela entrou no jardim de infância, recebeu um telefonema da professora que lhe disse que a menina não estava comendo. Ela abria a lancheira como todas as crianças, mas permanecia sentada sem tocar no lanche, enquanto as outras crianças

faziam suas refeições. Quando minha amiga perguntou à menina por que ela não comia seu lanche, a resposta foi: "A professora não dá a comida para mim." Assim, ela descobriu que sua sogra ainda estava alimentando a neta, de 5 anos de idade, e que ela esperava que a professora fizesse o mesmo. A garota disse-lhe que não queria que suas mãozinhas ficassem "sujas".

Existem também *expectativas culturais* diferentes em relação ao momento em que a criança supostamente deve aprender a alimentar-se sozinha. Famílias asiáticas e do Oriente Médio sentem-se confortáveis em alimentar seus filhos até os 3 anos de idade, algumas vezes até os 5, quando vão para a escola, ou até por mais tempo. Alguns pais, sobretudo aqueles que vêm de uma cultura na qual as crianças são alimentadas até a idade escolar, frequentemente não estão conscientes de que elas querem comer sozinhas, e pressupõem que eles mesmos sejam muito mais eficientes que seus filhos na tarefa de levar o alimento até suas pequenas bocas. Eles ignoram os esforços da criança para pegar a colher ou o prato com comida, e algumas vezes terminam em meio a uma batalha com ela pela posse desses utensílios. Acabam forçando-a a comer e, consequentemente, fazem com que fique zangada e torne-se temerosa em relação ao momento das refeições.

Diferentes expectativas culturais também podem causar problemas para famílias asiáticas e do Oriente Médio que se mudam para outros países. Eu tratei, nos Estados Unidos, de uma criança cujos pais eram do sul da Ásia.

Eles trouxeram-me a criança para uma avaliação, pois ela estava recusando alimentos sólidos. Os pais amassavam toda a comida e alimentavam-na com uma colher, o que era motivo de batalha durante todas as refeições. Depois de completar minha avaliação e observar o intenso conflito entre a menina e os pais, sugeri a eles que o principal objetivo era ensinar a filha a se alimentar sozinha. A mãe me olhou surpresa e perguntou: "Por quê?" Eu fiquei tão surpresa com sua pergunta quanto ela com minha sugestão, e disse-lhe que ficara admirada com sua surpresa em relação à ideia de ensinar a filha a comer sozinha. Ela me contou que sua avó a tinha alimentado até os 9 anos de idade, e que sua filha estava apenas com 4 anos.

Expliquei para a mãe que a menina lutava para pegar a colher durante a refeição e parecia querer dominar seu manejo. Ademais, tentei ajudá-la a entender que sua filha estava crescendo com crianças americanas que passam a se alimentar sozinhas a partir dos 2 anos de idade. Sem essa aprendizagem, quando fosse para a pré-escola e não conseguisse alimentar-se sozinha, ela se sentiria desamparada e insegura durante as refeições em grupo.

Como dirigir a transição para a alimentação independente

Como expliquei anteriormente, tanto o temperamento quanto as expectativas culturais têm grande influência em quão cedo ou tarde as crianças farão a transição para a alimentação independente. É importante ter isso em mente porque esse processo pode ser o início de um conflito constante entre elas e seus cuidadores. Uma criança que está determinada a pegar sua colher e se alimentar sozinha precisa ter a oportunidade de realizar essa aprendizagem prática com sucesso e não deve ser pressionada ou contida para que uma colher seja introduzida à força em sua boca. Por outro lado, uma criança que tem medo de ficar "lambuzada" precisa ser encorajada a tocar a comida e se acostumar a ter certos alimentos nas mãos, em vez de limpá-las quando se sentir desconfortável. Nos dois casos, é importante observar e tentar descobrir a motivação por trás do comportamento do seu filho e lidar com seu temperamento de modo a facilitar a transição para a alimentação independente.

Em relação à idade, em minha experiência, a maioria das crianças se interessa pela alimentação independente entre 9 meses e 2 anos de idade. Os pais que foram educados em culturas nas quais os filhos ainda são alimentados depois dos 2 anos normalmente não esperam que eles tenham a iniciativa de comer sozinhos tão cedo e algumas vezes não percebem os sinais de que desejam fazê-lo. Assim, eles acabam envolvidos em lutas de poder com as crianças. Observe o interesse de seu filho por talheres ou pela comida, porque mesmo que ele esteja apenas batendo com a colher ou brincando com o alimento, já está dando os primeiros sinais de sua vontade de participar da refeição.

O uso de duas colheres, uma para você e outra para seu filho, permite que ele maneje o utensílio, ganhando experiência no ato de levá-lo à boca. Enquanto faz isso, é muito provável que ele aceite o alimento oferecido com a outra colher. Também é útil o uso de uma tigela com ventosa, para mantê-la fixa sobre a bandeja do cadeirão, o que irá ajudar seu filho a aprender novas habilidades, tais como pegar, manter e levar o alimento à boca com o talher. Guiar a mão da criança, se ela permitir, para ajudá-la a levar a colher à boca ou deixar que ela o alimente são maneiras de mantê-la focada e de fazer com que a alimentação seja uma experiência prazerosa para ambos. Você pode elogiar seu filho por tentativas bem-sucedidas de se alimentar dizendo: "Que garotão você já é; já consegue levar a colher até a boca e comer sozinho", mas não deve elogiá-lo pela quantidade de alimento que comeu ou expressar preocupação caso ele tenha comido pouco. Você não pode transformar a quantidade de comida ingerida em uma prova de desempenho, senão ele pode usar o fato de comer ou não comer como um meio de manipular as emoções dos pais.

Trazendo seu filho para a mesa da família

Durante o primeiro ano de vida, as crianças experimentam um rápido desenvolvimento. Perto do final desse período, aprendem a engatinhar e a andar, a pegar pequenas coisas com a recém-aprendida habilidade de pinçar com os dedos, e começam a formar palavras e fazer gestos para que suas vontades sejam compreendidas. Não são mais bebês, e sim pequenas crianças!

É hora de aproximar o cadeirão da mesa e agregá-las às refeições em família. Elas estão prontas para os alimentos que podem ser comidos com as mãos, como cereais secos, pães macios, legumes cozidos e frutas, além de pequenos pedaços de massa. Essa pode ser uma transição desafiadora, pois, nessa idade, brincar com os alimentos e jogá-los no chão pode virar o passatempo preferido da criança e transformar a refeição em uma verdadeira bagunça. Nessa fase, elas querem entender o que acontece com as coisas quando desaparecem de vista — elas continuam a existir? Adoram brincar de esconde-esconde e conferir se papai e mamãe se foram quando escondidos ou se podem ser achados e reaparecerem.

Enquanto tentam entender o que acontece quando as coisas ou pessoas somem, as crianças gostam de fazer experiências em seu cadeirão, deixando cair os alimentos e utensílios de sua bandeja. Querem ver para onde vão a colher ou o alimento e se a mamãe vai fazê-los reaparecerem. Isso pode virar uma atividade irritante e cansativa para os pais, uma vez que os pequenos podem continuar esse jogo indefinidamente. É melhor deixar os talheres e alimentos jogados lá mesmo no chão até o fim da refeição. Uma esteira plástica debaixo do cadeirão pode recolher tudo, e dar apenas um ou dois pedaços de alimento por vez aumenta a chance de que ela coma em vez de ficar brincando de jogar coisas no chão. Se a criança ficar muito envolvida com essa brincadeira, você deve fixar um limite e dizer "não" firmemente, quando ela estiver exagerando. Se isso não resolver, será preciso ignorá-la e colocar a comida e os utensílios fora de seu alcance por 2 minutos. Ela vai entender que fez algo que não tem a sua aprovação. Você não deve separá-la da família por não conseguir lidar com a bagunça que ela faz à mesa. Agregá-la às refeições em família tem importantes *implicações sociais e de desenvolvimento*. As crianças dessa idade observam atentamente a maneira como os familiares comem e vê-los saborear a comida desperta sua curiosidade e a vontade de experimentar os alimentos. Isso é particularmente importante para aquelas que tiveram reações aversivas a certos itens e que estão com medo de experimentar pratos novos. A tranquilidade dos familiares ao comer é reconfortante para elas e lhes dá coragem para fazer novas experiências alimentares.

De qualquer forma, a tarefa de socializar seu filho à mesa pode ser desafiadora. Nessa idade, as crianças agem como pequenos tiranos e esperam que todos satisfaçam suas vontades. Quanto mais você quer que elas façam algo, mais elas resistem; e quanto mais você quiser evitar que comam alguma coisa, mais elas vão querer comer. Consciente disso, é necessário encontrar maneiras de fazê-las se sentirem no comando e ao mesmo tempo colocar limites quando as exigências não forem razoáveis. Uma vez que seus dentes nascem lentamente, é preciso avaliar se a criança já é capaz de mastigar de forma adequada antes de deixá-la experimentar carnes ou legumes mais consistentes, que ela pediu para provar quando foram servidos a seus familiares.

Se seu filho pega uma coxa de frango, por exemplo, dá uma mordida e tenta engolir sem mastigar o suficiente, ele vai engasgar ou sufocar-se, e depois disso ficará com medo de comer frango ou qualquer outro tipo de carne. Assim, se ele pedir um pouco de sua comida, que na sua avaliação ainda não é segura para ele, você deve dizer-lhe que para comê-la é necessário antes saber mastigar. É impressionante como nessa fase é avançada a capacidade de compreensão da língua em relação à capacidade expressiva da fala, e como as crianças com idades entre 1 e 2 anos são capazes de entender o que lhes é dito quando elas mesmas ainda não conseguem falar muitas coisas.

Como já mencionei, ter seu filho à mesa, vendo você comer, é também uma grande oportunidade de torná-lo interessado no ato de experimentar novos alimentos. Se, no passado, ele já teve uma reação aversiva a algum alimento (cuspindo, engasgando ou vomitando) e está com medo de experimentar novidades, você pode ter o impulso de pôr novos itens em seu prato, de persuadi-lo ou de fazer promessas para que ele dê ao menos uma mordida no alimento oferecido. No entanto, quanto mais você tentar ajudá-lo a provar algo novo, mais ansioso ele ficará. Algumas crianças em idade escolar me disseram que ficavam tão tensas quando seus pais colocavam novos alimentos em seus pratos que mal conseguiam comer aqueles dos quais já gostavam.

Por outro lado, se você oferecer apenas alimentos que sabe que ele gosta e aparecer diante dele comendo algo diferente sem oferecer-lhe nenhuma das novidades, ele acabará ficando curioso o suficiente para lhe pedir aquilo que você está saboreando. Então, quanto mais difícil você tornar para ele o acesso a um alimento, mais ele vai querê-lo. Você pode dizer: "Oh, essa é a comida da mamãe, mas eu vou lhe dar um pedaço." Dê-lhe apenas um pequeno pedaço para que ele possa experimentar e ver se é possível tolerar. Se gostar, ele vai querer mais e, de novo, você vai lhe dar apenas um pequeno pedaço por vez até o momento em que ambos estiverem confiantes de que o novo alimento foi aprovado. É importante não se empolgar, mas manter-se neutro quando ele provar algo novo. Crianças em idade escolar me ensinaram que quando seus pais ficam muito empolgados por elas terem experimentado alguma novidade, elas sentem-se pressionadas a comer mais daquilo, repetidas vezes. Isso as torna ansiosas e tensas, por sentirem que agora há a expectativa de que comam o novo alimento, e normalmente elas não se acham capazes de fazê-lo.

Por quanto tempo as crianças devem ser mantidas à mesa

A maioria das crianças pode comer uma quantidade ideal de alimentos em 20 minutos. As que têm pouco apetite, no entanto, preferem brincar a comer, e depois de alguns minutos tentam sair da mesa para fazer coisas mais divertidas. Outras, que têm medo de comer determinados alimentos, ficam ansiosas ao sentir o cheiro ou ver o prato do qual não gostam, e, consequentemente, se empenham em deixar a mesa. Por outro lado, crianças nas quais o impulso da fome é fraco podem ficar mais tempo à mesa, mas comem mais devagar. Geralmente, elas brincam com os alimentos e conversam em vez de comer. As que gostam de se alimentar podem continuar comendo porque a comida está gostosa e por estarem se divertindo à mesa. Os pais também têm sua própria velocidade de alimentação; uns o fazem muito rapidamente, outros não têm pressa. A hora da refeição deve ser um acontecimento familiar e, consequentemente, todos têm de fazer alguns ajustes. Crianças devem ficar à mesa ao menos por 20 minutos, embora não mais do que meia hora, para que tenham tempo adequado para comer.

Em vez de usar um relógio, sugiro que os pais regulem seu ritmo para que a refeição dure em torno de 20 minutos e digam ao filho que ele ficará à mesa até que a "barriguinha" do papai e a da mamãe estejam cheias. Isso é útil não apenas para ensinar-lhe a necessidade de esperar até que todos da família terminem a refeição, mas também para ajudá-lo a ficar atento ao que sente em relação ao próprio estômago, se ainda está com fome ou se já se satisfez.

Manter uma criança por um período de 20 a 30 minutos à mesa muitas vezes pode ser um desafio. Aquelas que têm o hábito de descer de suas cadeiras e sair da mesa depois de alguns minutos podem resistir a essa mudança. Essas crianças têm que aprender que seus pais levam esse assunto a sério. Isso com frequência significa que vão precisar de uma "pausa" durante a alimentação, um tempo fora da mesa antes de se juntar novamente à refeição em família, o que vou descrever em detalhes no Capítulo 3.

Ao mesmo tempo, as crianças não devem ser mantidas à mesa por mais 30 de minutos para que sejam forçadas a comer mais ou a experimentar certos alimentos. Os pais também não devem permitir que elas prolonguem a refeição com colheradas ocasionais e tentem chamar a atenção sobre si falando, em vez de comer. Eles precisam aprender que, se os filhos não comem o suficiente durante uma refeição, na próxima vão estar com mais fome.

Quantos alimentos diferentes os pais devem oferecer durante uma refeição

Quando os filhos se recusam a comer, os pais muitas vezes tentam encontrar um alimento diferente para estimulá-los. Caso isso funcione, eles costumam tentar outro item na esperança de que comam ainda mais. No entanto, as crianças aprendem rapidamente que ao recusar uma comida conseguem que a mamãe providencie outra, e depois outra e mais outra, e percebem que a recusa é uma ferramenta poderosa para controlar a mãe. Para crianças dessa faixa etária, entre 1 e 2 anos, que estão lutando por controle e independência, não existe nada mais tentador do que transformar a mamãe em uma cozinheira especializada em refeições rápidas. O caso a seguir vai ilustrar quão longe isso pode ir.

O caso de Susanne

Susane era uma criança de 3 anos de idade quando apareceu em nossa clínica de tratamento de transtornos alimentares para fazer uma avaliação por causa de sua recusa de comida e baixo ritmo de crescimento. A sra. Brown descreveu como, a cada refeição, oferecia 3 ou 4 alimentos diferentes, mas a criança os recusava e pedia outra coisa para comer. A mãe acabava oferecendo cada vez mais opções, mas a menina mal as tocava. E relatou que não conseguia dormir bem por causa da preocupação com a filha, e que tinha tentado alimentá-la até mesmo tarde da noite. Quando indagada a respeito dos detalhes, explicou que recentemente Suzanne acordara durante a noite e dissera-lhe que estava com fome e que queria comer espaguete com molho de tomate. A mãe se levantou e foi preparar a refeição que a filha tinha pedido. No entanto, quando colocada à mesa, a criança disse que não queria a comida e sequer a tocou.

Então, como os pais podem encontrar um ponto de equilíbrio? Deve haver um limite em relação ao número de alimentos oferecidos a cada refeição, senão a criança vai tentar exercer controle sobre os pais e transformar isso em um jogo. Eu recomendo que sejam oferecidos três, ou no máximo quatro, alimentos diferentes. Se a criança continuar a pedir outra coisa e outra coisa, deve-se estar preparado para dizer: "Isso é tudo que tenho para essa refeição. Outra coisa só em uma próxima vez." Os pais devem decidir antecipadamente o que vão servir ao filho na refeição e, depois de se sentarem, não pegar nenhuma outra coisa que a criança pedir. Se ela tentar forçá-los a ceder por meio de choro ou de um ataque de birra, será preciso recorrer ao momento de pausa para interromper esse comportamento.

Capítulo 2

Facilitando hábitos saudáveis de alimentação

A transição para a alimentação independente pode ser um período desafiador para a criança e seus pais. Algumas delas têm certas vulnerabilidades e podem não reconhecer prontamente a fome, outras podem não dar atenção à sensação de saciedade. Contudo, a maneira com que os pais lidam com a apresentação dos alimentos tem um grande impacto no aprendizado de como equilibrar essas sensações internas e em como regular a alimentação de acordo com as necessidades fisiológicas.

Ajudando seu filho a reconhecer a fome

O hábito de ter horários regulares para refeições e lanches (*cronograma alimentar*) é útil para todas as crianças, permitindo-lhes experimentar as sensações de fome e saciedade, e de comer de acordo com essas sensações. *Contudo, para as crianças que comem de menos ou demais, refeições regulares são decisivas para permitir que sintam a fome e para que aprendam a comer em resposta aos sinais de suas necessidades.* Muitas crianças com apetite saudável, que são reguladas internamente, podem saborear um lanche 1 hora ou 30 minutos antes da refeição principal e quando o momento desta chegar, comer o que comeriam de qualquer maneira, descontadas as calorias ingeridas durante o lanche. No entanto, para aquelas que têm pouca consciência da sua sensação de fome, esse tipo de lanche pode significar a eliminação da refeição principal. Por outro lado, crianças que ficam entusiasmadas quando são servidas com alguma comida de que gostam, irão consumi-la mesmo sem estar famintas. Elas facilmente comerão além da conta se não forem mantidas dentro dos horários.

Geralmente, uma criança leva de três a quatro horas para sentir fome e, para a maioria das famílias, horários fixos para três refeições e o lanche da tarde é o que funciona melhor. Como indiquei anteriormente, é importante que a partir de 1 ano de idade as crianças pequenas comam com seus pais e irmãos, e por isso os horários também precisam ajustar-se ao do resto da família. Se um ou ambos os pais trabalham fora de casa, ao menos o jantar deve ser uma refeição em família. Se eles têm dificuldade de chegar em casa antes das 18h ou 19h, uma programação composta pelo café da manhã às 8h, almoço ao meio-dia, um lanche no cadeirão à mesa às 15h30 e o jantar às 18h30 ou 19h parece funcionar para muitas famílias.

Uma vez estabelecidos os horários, nenhuma alimentação deve ocorrer entre as refeições e os lanches. Se a criança tiver sede, somente água deve ser oferecida. Permitir que ela beba leite na mamadeira, tome um suco ou coma algum lanchinho vai definitivamente interferir em seu apetite nos horários de refeição estabelecidos. Quando se tolera que as crianças mamem ou tenham acesso a lanchinhos à vontade, elas aprendem a comer a seu bel-prazer ou por razões emocionais.

Ajudando seu filho a reconhecer a saciedade

Manter as crianças dentro dos horários de alimentação não facilita apenas a tomada de consciência da fome, mas também as ensina a comer até ficarem satisfeitas. Em vez de ficar beliscando, elas aprendem a encher suas barriguinhas para se sentirem confortáveis até a próxima refeição. Aquelas com pouco apetite preferem brincar e falar a comer e vão precisar de uma ajuda extra para aprender a se alimentar até ficarem saciadas. Os pais não devem forçá-las ou tentar fazê-las comer de acordo com as suas expectativas. Em vez disso, existem *duas técnicas para ajudar essas crianças a aprender a comer até a saciedade.*

Na *primeira técnica*, os pais devem oferecer porções bem pequenas e repetir a oferta a cada vez que as crianças tiverem comido o que foi colocado em seu prato. Elas parecem se sentir sobrecarregadas quando há comida demais diante de si. No entanto, permanecem interessadas em comer quando recebem porções bem pequenas, o que também ajuda a intercalar outros pratos e mantê-las interessadas na alimentação.

A *segunda técnica* consiste em mantê-las no cadeirão até que o papai e a mamãe estejam satisfeitos. Não devemos obrigar a criança a comer, mas podemos certamente ensiná-la a permanecer sentada à mesa em seu cadeirão até que os pais lhe deem permissão para se levantar. É esperado que as crianças pequenas fiquem sentadas à mesa entre 20 e 30 minutos para que aprendam a comer até ficarem saciadas. Algumas delas precisam de uma pausa durante a refeição para aceitarem essa regra. Depois disso, elas aprendem a relaxar e a prestar mais atenção nos seus sinais internos de fome e de saciedade. As refeições tornam-se mais ajustadas e até mesmo mais agradáveis, como tenho aprendido com a experiência de muitos pais.

O que evitar durante as refeições

1. Não bajule, ameace ou force as crianças a comerem menos ou mais

    Alguns pais sentem que não podem confiar que seus filhos saibam quando estão satisfeitos e continuam insistindo para que a criança coma mais: "Mais uma colherada, para a mamãe", "Outra para o papai", e isso continua até que o prato esteja vazio ou que os pais estejam convencidos de que ela comeu o suficiente. Alguns insistem que ela coma o que foi colocado em seu prato, e a obrigam a permanecer na mesa até que o faça. Eles podem lembrá-la de que em outros países existem crianças que passam fome ou castigá-la fisicamente até conseguir que coma o que lhes pareça satisfatório. Dependendo do temperamento da criança, isso pode ser o início de um intenso conflito familiar, levando-a a se tornar incapaz de reconhecer as sensações de fome e saciedade.

Como ilustrado no caso a seguir, vários pais compartilharam comigo a história de que seus próprios pais os coagiam a comer tudo o que era colocado no prato. Eles me explicaram que, mesmo depois de adultos, não são capazes de reconhecer se estão satisfeitos e se sentem impelidos a comer o que lhes foi servido, principalmente quando vão a restaurantes.

O caso da sra. Jones

A sra. Jones era mãe de gêmeos de 2 anos de idade, ambos tratados de uma condição grave de recusa alimentar. Os pais foram ensinados a implementar uma diretriz alimentar, e a dieta e o crescimento dos gêmeos melhoraram consideravelmente. Durante o acompanhamento, a sra. Jones expressou sua gratidão e surpresa pelo fato de seus filhos tornarem-se capazes de dizer a ela quando estavam com fome ou saciados. E acrescentou tristemente: "E, cá estou eu, com 37 anos, e ainda não sei quando estou satisfeita."

Essa mãe me contara anteriormente que havia crescido em uma família de seis filhos e que seu pai não admitia que qualquer alimento fosse "desperdiçado". Nas refeições, a mãe enchia os pratos dos filhos, e se qualquer um deles não quisesse comer tudo que era servido, o pai ameaçava e, muitas vezes, batia naqueles que o desobedeciam. Ela contou-me que tinha tanto medo de seu pai que se forçava a engolir a comida, não importando o que sentia em seu estômago.

Ela nunca aprendeu a prestar atenção à sensação de saciedade e assim tornou-se uma adulta com sobrepeso. Explicou-me que não conseguia deixar nenhuma comida no prato e que quando ia a um restaurante tinha que comer tudo o que era servido, não importando o tamanho da porção.

Antes do tratamento, quando seus filhos estavam comendo muito pouco e deixando sobras demais nos pratos, ela se sentia compelida a comer os restos porque não conseguia desperdiçar nenhuma comida. Enquanto eles ficavam cada vez mais magros, ela ganhava cada vez mais peso. Essa mãe me ensinou o quanto podem ser poderosas essas experiências infantis e como lhe foi difícil, já adulta, entrar em contato com essas sensações internas de saciedade.

2. Não elogie ou critique as crianças por comerem demais ou de menos

Quando os filhos se alimentam mal, os pais ficam ansiosos e de olho no quanto eles estão comendo. Já vi pais que batem palmas e se derramam em elogios se a criança come, e, por outro lado, a criticam quando não se alimenta, dizendo-lhe: "Você mal tocou a comida; coma só mais um pedaço." Observei pais adulando o filho, mordida após mordida, ou negociando com ele, oferecendo-lhe recompensas para que comesse. Quando o ato de comer se transforma em uma prova de desempenho, as crianças começam a perceber que têm poder sobre os seus pais por meio da decisão de recusar ou não a comida. É importante que a refeição não se transforme em um espetáculo para os pais. Eles devem permanecer neutros, independentemente da quantidade ingerida pelo filho.

É útil manter uma atitude positiva durante as refeições. Os pais devem reforçar as tentativas da criança de comer de forma independente dizendo coisas do tipo: "Que garotão você é; já sabe usar a colher e comer sozinho" ou "Muito bem; você conseguiu colocar a comida na boca." Para a criança, comer sozinha é um importante marco do desenvolvimento, que pode ser tão empolgante quanto os primeiros passos dados de forma independente.

3. Não use a comida como uma recompensa ou como uma expressão de sua afeição

As crianças fazem *associações* entre a comida que ingerem e suas experiências emocionais ao comer.

Em algumas sociedades, desenvolveu-se o costume de levar as crianças a acreditarem que certos alimentos, como sorvete, balas, biscoitos, chocolates e bolos, não são comida, mas sim agrados ou símbolos de amor e afeição. Elas recebem uma enorme quantidade de todos os tipos de doces não apenas em grandes feriados, festas de Halloween ou de aniversário, já que até mesmo no dia a dia os doces encontraram seu espaço. Uma ida ao shopping ou ao supermercado frequentemente tem como brinde um doce ou sorvete, e até mesmo uma consulta médica pode ser recompensada com pirulito ou chocolate. Muitas crianças contam com um doce em suas lancheiras para que sua refeição escolar possa ser considerada completa.

Esses costumes transformaram-se em hábitos tão arraigados que ninguém mais parece pensar na mensagem que estamos enviando às crianças quando as recompensamos e as agradamos com alimentos doces. A história seguinte mostra como uma adolescente explicou o efeito dessas guloseimas oferecidas como uma forma de agrado.

O caso de Lisa

Lisa era uma adolescente de 15 anos, brilhante e dinâmica, que foi hospitalizada por causa de uma bulimia grave. Ela admitiu que comia quase meio quilo de sorvete por dia e depois entrava em pânico em função da quantidade de calorias que tinha ingerido, o que a levava a provocar o vômito.

Depois de ter alta do hospital, ela não queria continuar com esse hábito, mas sentiu que o desejo de comer sorvete era tão poderoso que ela não conseguia se controlar. Quando tentei ajudá-la a ter controle sobre essa vontade, sugerindo-lhe que comesse um sorvete de casquinha antes de cada refeição e depois a completasse com alimentos normais, ela gostou da ideia. No entanto, voltou na semana seguinte para me dizer que eu realmente não a entendia.

Ela explicou que, quando estava crescendo, o pai a levava à sorveteria como uma forma de agradá-la, e quando ia bem nos estudos, sua mãe lhe fazia sobremesas especiais para quando chegasse da escola. No Dia de Ação de Graças, seus pais passavam o dia inteiro preparando um café da manhã especial e vários pratos para a refeição principal; o dia era todo gasto em duas coisas: comer e lavar louça. Ela concluiu sua história dizendo-me que, quando era mais nova, toda a afeição e amor que recebeu dos pais sempre estiveram diretamente ligados à comida. Agora, eles estavam ocupados demais com seus trabalhos, e ela sentia que não tinham mais tempo para lhe dar atenção e que não estava mais recebendo nem um pouco de amor e de afeição. O sorvete, entretanto, sempre estava lá.

Como mencionei anteriormente, as crianças têm a tendência de fazer associações entre alimentos e experiências emocionais, e essas associações podem se tornar muito poderosas e duradouras. Elas se formam mais prontamente do que se desfazem, como mostrei nas histórias anteriores.

Existe outra área em que os pais frequentemente treinam seus filhos para que deem um valor especial aos alimentos doces. Muitos insistem que as crianças comam, em primeiro lugar, os supostos alimentos saudáveis antes que lhes sejam dadas as sobremesas doces. Como Leann Birch (1999) demonstrou em sua pesquisa, crianças em idade pré-escolar podem ser treinadas em poucas semanas para desenvolver fortes predileções pela sobremesa quando têm que comer alimentos saudáveis antes de recebê-la. Por outro lado, se a sobremesa é oferecida junto com a comida, elas não se interessam mais pela primeira do que pela segunda. Dessa maneira, é ainda mais importante ajudar seu filho a aprender a comer doces com moderação sem se tornar viciado neles.

Em minha pesquisa e prática clínica, aprendi que se os pais proíbem alimentos não saudáveis, não os compram nem os aceitam em casa, as crianças, quando ficam mais velhas, tendem a obter esses alimentos com os amigos e, quando têm dinheiro, passam a comprar justamente aqueles que são "proibidos". Por outro lado, se sobremesas são servidas após cada refeição e se existem muitos petiscos e doces em casas, elas passam a ser consideradas parte da dieta diária e não podem ou querem ficar sem elas.

Em muitos países ocidentais, existe tal abundância de doces e *petiscos*, cuja importância é grande na vida de muitas crianças, que fica muito difícil educá-las sem que sejam tentadas por esses alimentos. Portanto, sugiro que você sirva um pouco de doce, sorvete, biscoito ou sobremesa de tempos em tempos – talvez algumas vezes durante a semana, mas *não* todos os dias e *não* a cada refeição. Caso contrário, as crianças passam a contar com isso diariamente.

Ofereça um biscoito, doce ou sorvete em pequenas quantidades junto com outros alimentos e pergunte a seu filho qual ele quer comer primeiro. Se ele escolher o biscoito e pedir mais, o que geralmente ocorre, você diz: "Isso é o que mamãe tem para hoje; em outro momento você pode comer mais um pouco." Dessa maneira, a importância do biscoito é neutralizada e ele não se transformará em algo especial. Uma vez que as crianças percebem que podem ter o biscoito ou o doce *somente antes ou somente depois* de comer o alimento básico, algumas o reservam para o final da refeição. Transformá-lo em algo especial, impedindo que seja consumido antes dos alimentos saudáveis, somente aumenta o desejo da criança por ele. A história seguinte ilustra esse método.

O caso de Maya

O sr. e a sra. Kumar trouxeram sua filha de 2 anos, Maya, para o tratamento, porque ela comia apenas pequenas quantidades de alimentos. A menina estava abaixo do peso e resistia a todos os esforços dos pais para que comesse mais. Parte do tratamento era fazer a família seguir as diretrizes alimentares resumidas adiante. Os pais estavam muito satisfeitos com a mudança do padrão alimentar e com o crescimento da filha. Contudo, na última sessão de acompanhamento, a mãe afirmou que tinha mais uma preocupação. Todos os dias, ambas as filhas imploravam por M&M's. Quando lhe perguntei quantas unidades ela se sentia confortável em dar junto com a refeição, a mulher respondeu: "3." Sugeri que colocasse as três unidades nos pratos das filhas, junto com a comida normal, e dissesse: "E aqui estão seus M&M's." Ela parecia em dúvida, mas depois me disse que tinha decidido fazer uma tentativa. Para sua surpresa, as filhas pararam de implorar pelo doce e, depois de três dias, o esqueciam no prato. Havia se tornado somente mais um alimento comum.

4. Não permita distrações durante a refeição

Quando estão distraídas, as crianças não prestam atenção aos seus sinais internos de fome e saciedade. Mais interessadas em brincar ou em ver televisão do que em comer, elas frequentemente se alimentam sem muita consciência do quanto estão ingerindo. Pais que se preocupam com a pouca quantidade de alimento consumida pela criança muitas vezes usam distrações para fazê-la abrir a boca e ficam aliviados por ela estar comendo sem protestar. Embora essa possa ser uma solução de curto prazo, a criança comerá sem consciência interna e esse tiro vai sair pela culatra. Será cada vez mais difícil distraí-la, e os pais ficarão frustrados e cansados ao tentar encontrar mais e mais distrações interessantes.

O caso seguinte ilustra como os pais podem ficar presos ao uso de distrações para conseguir alimentar os filhos e que essa não é a melhor maneira de começar.

O caso de John

John, 5 anos, foi trazido pelos pelo pais porque a sra. Smith, a mãe, chegava a gastar mais de uma hora por refeição tentando alimentá-lo. Ela se sentia exausta e me explicou que o seu dia inteiro era gasto em cozinhar e tentar alimentar o menino. Durante a observação de uma refeição, ela começou a ler uma história para o filho e periodicamente interrompia sua leitura para lembrá-lo de dar uma mordida em seu sanduíche. Quando terminou o primeiro livro, ela mostrou mais alguns e perguntou-lhe qual seria o próximo a ser lido. O menino escolheu um livro que também envolvia canto e, enquanto observava a *performance* da mãe, ocasionalmente colocava alguma comida na boca. Quando ela estava no terceiro livro, John mal tinha comido metade de seu pequeno sanduíche, 45 minutos haviam se passado e ela decidiu interromper a refeição.

As distrações também são prejudiciais para crianças que gostam de alimentos e adoram comer. Elas podem ficar tão hipnotizadas ao engolirem seus salgadinhos diante da televisão que não prestam atenção no momento em que já comeram o suficiente para saciar-se. Essas crianças ficam condicionadas a associar "ver televisão" ou "ir ao cinema" com comer algo saboroso. Isso é ilustrado na história que se segue.

O caso de Laura

Laura, uma menina de 9 anos com um transtorno alimentar, mantinha uma dieta que se limitava principalmente a carboidratos e comidas gordurosas. Ela adorava comer seus deliciosos salgadinhos ao longo do dia e consequentemente estava com sobrepeso. Certa vez, durante uma reunião de família, sugeri que todos aderissem a um esquema de três refeições diárias e um lanche à tarde, depois da escola, e Laura me perguntou se aquilo significava que não poderia mais comer pipoca enquanto via televisão. Quando lhe disse que sim, ela irrompeu em lágrimas e não conseguiu se acalmar pelo resto da sessão. Ficou claro que, para a menina, comer na frente da televisão havia se transformado na melhor maneira de se divertir e que ela não conseguiria lidar com as emoções negativas experimentadas quando lhe foi solicitado que abandonasse aquela prática.

Resumo de diretrizes alimentares para ajudar seu filho a aprender a comer de acordo com as sensações de fome e de saciedade

- Para ajudar seu filho a sentir fome, estabeleça um horário de alimentação que inclua três refeições e um lanche à tarde. As refeições subsequentes devem estar separadas por um intervalo de três a quatro horas e devem acontecer sempre à mesa e em torno dos mesmos horários, todos os dias.
- Não permita lanchinhos, beliscadas ou mamadeiras de leite fora dos horários estabelecidos. Se seu filho pedir alguma comida, diga-lhe que ele vai ter que esperar até a próxima refeição ou lanche. Se ele ficar com sede, dê-lhe apenas água.
- Mantenha seu filho no cadeirão ou à mesa de 20 a 30 minutos para permitir que ele tenha tempo de comer até se sentir saciado. Se ele pedir para descer do cadeirão ou para sair da mesa, explique-lhe que ele vai ter que esperar até que a barriguinha do papai e da mamãe estejam cheias.
- Sirva porções pequenas e ofereça-lhe novamente a mesma pequena quantidade servida. Isso permite que seu filho permaneça entretido e não fique intimidado por um volume muito grande de comida, além de ajudar a criança que come demais a prestar mais atenção em suas sensações de saciedade.

- Não ofereça mais do que três ou quatro tipos de alimentos em cada refeição e permaneça à mesa com seu filho o tempo todo. Você não é um cozinheiro à disposição dele.
- Na permita distrações, como brinquedos, livros e televisão, durante a refeição. Quando distraídas, as crianças não prestam atenção aos seus sinais internos de fome e de saciedade.
- Não use comidas, especialmente doces, como recompensa por comer alimentos saudáveis, como consolo, presente ou como uma expressão de afeto por seu filho. As crianças formam associações fortes com esse tipo de alimento, podendo tornar-se viciadas em seu consumo.
- Não o pressione ou force a comer. Isso vai gerar conflito e interferir na capacidade dele de reconhecer sensações internas de fome e de saciedade.
- Cumprimente-o por sua habilidade de comer de forma independente, mas mantenha uma atitude neutra em relação à quantidade de alimento ingerido. Não o elogie ou critique pelo muito ou pouco que comeu. A alimentação não deve ser um espetáculo para os pais.
- Desencoraje seu filho de brincar ou falar demais em vez de comer. Reserve um momento especial fora do horário da refeição para conversar e para brincar.
- Se ele se recusa a ficar sentado e se levanta da mesa, joga alimentos e talheres ou se comporta mal de outras maneiras, dê-lhe *um único* aviso. Se a criança não interromper seu comportamento, ofereça-lhe uma pausa especial, como descrito no próximo capítulo.

* * *

Seguir essas orientações requer que os pais trabalhem em conjunto e modifiquem seus próprios hábitos alimentares. Fazer mudanças no estilo de vida não é fácil e quanto maior a idade da criança, maior a dificuldade. Entretanto, aprendi com muitas famílias que, uma vez que os familiares se ajustam às novas rotinas e a criança começa a comer melhor, as refeições tornam-se mais descontraídas e agradáveis para todos.

Capítulo 3

Estabelecendo limites para o pequeno chefe da família

A luta por autonomia e controle

Conforme os bebês se tornam mais conscientes do ambiente e das pessoas importantes em suas vidas, eles estabelecem ligações com seus cuidadores. Já aos 4 meses de vida eles notam quando suas mães deixam o quarto e podem ficar angustiados com isso. Sua ansiedade de separação atinge o auge ao redor dos 8 meses, quando se tornam conscientes da presença de estranhos e choram para se manter próximos às suas mães. Uma vez que aprendem a andar e podem se afastar dos pais, eles têm que escolher entre ficar perto de seus cuidadores primários e se sentirem seguros ou se aventurar e seguir sua curiosidade. Novamente, as diferenças de temperamento tornam-se evidentes durante essa fase do desenvolvimento. Algumas crianças gostam de buscar novidades e outras preferem evitar riscos, ficando mais perto de seus cuidadores. Algumas são mais determinadas e assertivas, outras mais obedientes em relação ao que seus pais lhes dizem para fazer ou deixar de fazer.

Entre 9 meses e 3 anos de idade, pais e filhos têm que negociar questões de autonomia *versus* dependência em seu dia a dia e, em particular, durante as refeições. À medida que as crianças se tornam mais competentes em suas habilidades, ao aprenderem a andar e a falar, e seus mundos se abrem e se tornam cada vez mais interessantes, o impulso de fazer coisas segundo suas vontades fica cada vez mais forte. Ao mesmo tempo, elas querem que seus pais estejam sempre lá quando precisam deles, quando se veem em dificuldades, quando ficam frustradas ou assustadas. Querem desfrutar o entusiasmo de explorar seu mundo recém-descoberto e desejam controlar seus pais, mantendo-os à disposição em caso de necessidade. Elas desejam as duas experiências. E se as coisas não caminham ao seu modo ou se os pais não cedem às suas vontades, revelam sua insatisfação por meio de um sonoro protesto, ou, se necessário, fazendo *birra*.

Esse é um período muito desafiador para as crianças e para os pais, que precisam encontrar um equilíbrio entre facilitar esse desejo precoce de independência e, ao mesmo tempo, estabelecer limites ao comportamento exigente do filho de 2 anos. Uma vez que aprendem a palavra "não," ela se transforma em sua expressão favorita, sem levar em conta a situação. Frequentemente, escolhem dizer ou fazer exatamente o contrário do que seus pais querem. Às vezes, se o adulto diz A, o filho diz B, e vice-versa; e se o pequeno chefe sente-se derrotado, fica dominado pela frustração e acaba fazendo birra.

Essa fase do desenvolvimento é especialmente tumultuada para as crianças obstinadas e que têm dificuldade de se acalmar quando perdem o controle. Muitas vezes, seu choro intenso é difícil de ser suportado pelos pais que, então, vêm em seu socorro e tentam ajudá-las, confortando-as e tranquilizando-as. Infelizmente, quando isso é feito com frequência, as crianças se tornam dependentes dessa intervenção e não aprendem a se tranquilizar sem a ajuda dos pais. Isso as deixa muito vulneráveis, e, consequentemente, elas passam a desejar que seus pais estejam sempre de prontidão em caso de necessidade. Quanto mais os adultos tentam ajudá-las, cedendo às suas vontades ou confortando-as quando estão irritadas, mais dependentes elas se tornam. Essa dependência as torna mais controladoras e obstinadas em forçar o envolvimento de seus pais. Uma vez que o padrão tenha sido estabelecido, pais e filhos ficam presos e se sentem derrotados e desamparados.

A criança de 2 anos com problemas alimentares

Com base na minha experiência, bebês e crianças que se recusam a comer geram uma forte ansiedade em seus pais. Eles temem que o filho não sobreviva ou que tenha seu desenvolvimento comprometido por causa da baixa ingestão de alimentos e da curva de crescimento muito abaixo da média. Os pais fazem qualquer coisa para que a criança coma. Usam brinquedos, livros e vídeos para distraí-la de modo a empurrar algum alimento em sua boca, além de pedir, barganhar e implorar. Isso frequentemente se transforma em uma rotina diária, que se repete até mesmo várias vezes ao dia. As crianças dessa idade são muito observadoras e aprendem que o ato de comer, ou de se recusar a comer, tem grande efeito sobre seus pais.

Uma vez que aprendem que essa é uma ferramenta poderosa, sentem-se livres para usá-la. Sabem que podem fazer seus pais ficarem felizes e baterem palmas por terem comido, ou franzirem o cenho quando se recusam a abrir a boca e não aceitam o alimento oferecido. Elas pedem por determinada comida, e então não querem mais comê-la e exigem outra e outra, transformando as mães em cozinheiras de refeições rápidas. Negam-se a comer e se comportam mal à mesa, encolhem-se em seus cadeirões, descem deles, observando atentamente a reação que provocam nos pais.

Correm pelo espaço, divertindo-se por serem caçadas por seus pais e por terem as mães em seu encalço com uma colher na mão, implorando-lhes para que abram suas bocas e comam mais uma colherada. Alimentam-se com prazer quando percebem que os adultos estão fazendo outras coisas e não as estão notando. Recusam-se a aceitar a comida oferecida pelos pais, mas insistem em pegar os alimentos que estão nos pratos deles. Elas querem estar no controle. Como uma mãe exausta me disse: "Preciso de ajuda. Tenho um pequeno chefe de 2 anos de idade em casa."

Como domar o pequeno chefe

Para que os pais possam lidar de maneira bem-sucedida com o comportamento obstinado e provocativo de seu filho, desenvolvi um procedimento especial de "pausa" – um tempo afastado dos pais antes de se reunir novamente a eles. Essa pausa reforça o *estabelecimento con-*

sistente de limites e ensina a criança a *se acalmar sozinha* quando não consegue obter o que deseja. Essa é a razão pela qual chamo isso também de "tempo para esfriar a cabeça". Esse período é especialmente difícil para as crianças que têm dificuldade de se acalmar e que são dependentes dos pais para tranquilizá-las quando são contrariadas. Contudo, elas são as que mais necessitam desse procedimento, porque tranquilizar-se é algo que não se torna mais fácil à medida que ficam mais velhas. Muito ao contrário – torna-se cada vez mais difícil para os pais acalmá-las, e elas ficam cada vez mais exigentes e zangadas quando seus problemas não podem ser resolvidos por eles.

Os pais frequentemente me perguntam em que idade podem usar o procedimento de pausa descrito mais adiante neste capítulo. Aos 2 anos de idade, a maioria das crianças já entende muito bem o fenômeno de causa e efeito. Embora sua linguagem expressiva ainda esteja limitada a poucas frases, sua linguagem receptiva está muito mais evoluída, e podem entender quando os adultos lhes explicam em palavras simples o que vai acontecer se elas se comportarem mal. Algumas crianças precoces podem se beneficiar desse procedimento logo que alcançam 1 ano e 8 meses de idade, mas os pais precisam utilizar seu discernimento para saber quando estão aptos para implementar essa rotina.

O procedimento de pausa

Antes de começar uma pausa

Os pais precisam analisar a si mesmos e conhecer seus filhos antes de começar a utilizar o procedimento. Eles não devem implementá-lo se tiverem medo de não poder suportar um choro intenso por um longo período de tempo, e devem ter certeza de não ter nenhum compromisso agendado quando forem realizá-lo pela primeira vez. Devem refletir previamente sobre como poderão lidar com o fato de terem que escutar seus filhos chorarem. Algumas mães me disseram que precisaram sair e dar uma caminhada enquanto o pai ficava em casa esperando que a criança se acalmasse. Outras tomavam um banho ou se sentavam na varanda distraindo-se com os pássaros ou com os transeuntes.

Nada pior do que começar uma pausa e interrompê-la quando não se consegue suportá-la pelo tempo necessário. Se a criança é resgatada enquanto está chorando, ela vai aprender que o choro vai lhe render a ajuda dos pais e irá chorar ainda mais alto da próxima vez. Mesmo as que estão em idade escolar podem se beneficiar dessa pausa. Como aprendi com os pais, uma vez que as crianças percebem que a pausa não é uma punição, mas um auxílio para que se acalmem e recuperem o controle sobre seu comportamento, quando ficam mais velhas e sentem que estão chateadas e prestes a perder o controle, elas mesmas se dão esse tempo para se acalmar. Uma de minhas amigas me contou ter ouvido sua filha de 9 anos dizer à irmã de 7 que algumas vezes ficava de pausa mais tempo no quarto porque "é muito difícil me acalmar."

Uma vez que os pais decidiram seguir adiante com a pausa, devem explicar ao filho, em uma linguagem apropriada, os passos do procedimento: que ele receberá apenas um único aviso; para onde será levado; que a pausa só passará a vigorar a partir do momento em que ele se acalmar; que, uma vez calmo, os pais vão ajustar o alarme do relógio e ele terá tempo para pensar no que fez de errado; e quando o alarme tocar, eles o trarão de volta para a situação na qual o problema começou, e ele terá que corrigir seu comportamento.

Isso deve ser explicado para a criança um dia ou algumas horas antes da implementação da pausa. A explicação deve ser dada quando todos estiverem calmos, para que ela tenha tempo de processar a informação. Quando estão chorando, as crianças não escutam o que lhes é dito.

Onde colocar a criança durante a pausa

Alguns pais me contaram que tentaram fazer a pausa com os filhos em cantos da casa ou em escadas, mas as crianças não queriam ficar afastadas e voltavam correndo para eles, chorando ou implorando permissão para ficarem juntos novamente. Isso leva a uma contínua luta entre pais e filhos, servindo de combustível para os ciclos coercivos interativos que descrevi antes. Consequentemente, recomendo que a criança seja colocada em um lugar seguro, afastado dos pais, situação que irá forçá-la a se acalmar de forma independente. Para aquelas que ainda não saem do berço sozinhas, esse é um bom lugar para usar para a pausa. Inicialmente, muitos pais mostraram preocupação de que isso pudesse interferir na habilidade de seus filhos dormirem. No entanto, o que acontece é o contrário; se a criança aprende a se acalmar no berço durante o dia, e consegue voltar para junto dos pais depois de tranquilizar-se, ela também vai achar mais fácil fazê-lo na hora de dormir, e isso vai ajudá-la a dormir.

Para aquelas que não ficam mais no berço, sugiro um cômodo fechado por um portãozinho, e em dado momento, quando a criança tiver aprendido a se acalmar sozinha, uma cadeira em outro ambiente pode resolver. Para crianças em idade escolar, o próprio quarto é um bom lugar para lidar com essa aprendizagem. Entretanto, inicialmente muitas não querem ficar sozinhas no quarto. Elas voltam correndo e tentam fazer que seus pais as ajudem a enfrentar sua agitação. Para essas crianças é necessário trancar a porta por fora e dizer-lhes que só vão abri-la quando elas aprenderem a ficar em seus quartos e a trabalharem sua habilidade de se acalmar. Quando perceberem que são capazes disso, a porta geralmente poderá permanecer destrancada. Algumas delas aprendem a apreciar a solidão, e, quando ficam agitadas, se recolhem em seus quartos sozinhas para fazerem uma pausa e se acalmarem.

Passos fundamentais do procedimento de pausa

É importante dar um único aviso

Em geral, os filhos treinam seus pais a avisá-los repetidamente. Eles são bons observadores e aprendem com rapidez. Podem perceber pelo tom de voz e pela expressão facial dos pais se eles realmente querem aquilo que estão dizendo ou se podem forçar um pouquinho mais até que o timbre de suas vozes diga-lhes que agora o assunto é sério. Antes que se deem conta, os pais estabelecem um padrão repetitivo de alertas e ficam cada vez mais irritados porque o filho não os escuta. É necessário um esforço especial para quebrar esse padrão repetitivo. Alguns pais fazem um acordo de avisá-los uma vez e depois contar até 3 antes de entrarem em ação e colocarem o filho no momento de pausa.

A criança aprende a se acalmar

Aprender a se acalmar é mais fácil para algumas crianças do que para outras. Aquelas que são muito intensas e obstinadas frequentemente lutam por um longo tempo e costumam fazer birra. Isso justifica a expressão "os terríveis 2 anos". Contudo, a birra frequentemente começa mais cedo – logo no primeiro ano de vida – e continua durante toda a infância se as crianças não são ensinadas a lidar com suas frustrações de uma forma apropriada.

As crianças mais novas esperam que os adultos atendam suas necessidades e acham difícil aceitar um "não" como resposta. Algumas ficam com uma expressão muito magoada quando se veem diante de um "não"; outras choram e ficam inconsoláveis. Em geral, é difícil para os pais ficarem impassíveis diante dessa situação e eles acabam confortando o filho até acalmá-lo. As crianças passam então a esperar que os adultos venham em seu socorro quando choram e fazem birra. No entanto, quando os pais se afastam do filho que está chorando, dizendo-lhe que papai e mamãe só voltarão quando ele estiver tranquilo, a criança aprende a se acalmar mais rapidamente e as birras podem ser eliminadas de forma efetiva.

Contudo, para algumas crianças esse afastamento não é suficiente para ajudá-las a aprender a aceitar limites e a lidar com a frustração de não conseguir que as coisas sejam do seu jeito. Elas vêm correndo para os pais, chorando e pedindo para que as ajudem a apaziguar seu sofrimento. Essas crianças não se beneficiam da abordagem estruturada de pausa descrita neste capítulo.

Se a criança não escuta o que os pais dizem depois de um aviso, ela deve ser levada para um lugar seguro para a pausa e ficar sozinha para aprender a trabalhar no intuito de se acalmar. Algumas choram intensamente por um período de 10 a 30 minutos; outras seguem chorando por mais de uma hora; e há aquelas que permanecem aos prantos durante duas ou três horas. Essa primeira experiência de acalmar-se é muito difícil não somente para elas – também pode ser uma prova de partir o coração para os pais. É muito penoso ouvir uma criança em uma situação de tanto sofrimento. Contudo, muitos pais me contaram que depois dessa árdua primeira experiência com a pausa, mesmo aquelas que choraram por muito tempo perceberam que podiam se acalmar sozinhas. Por um bom tempo, não precisaram de outra experiência como essa e acalmaram-se muito mais rapidamente durante a pausa seguinte.

Mais importante ainda: uma vez na pausa, depois de a criança ter chorado intensamente e por fim ter se acalmado, um dos pais deve ir até ela e elogiá-la. Deve-se dizer algo do tipo: "Estou muito orgulhoso por você ter conseguido se acalmar. Foi difícil, mas você conseguiu sozinho. Mamãe e papai estão muito orgulhosos de você."

A criança precisa refletir sobre o que fez de errado

Depois que a criança tiver se acalmado, um dos pais ajusta o alarme do relógio para a pausa. Como uma regra geral, deve-se calcular 1 minuto de reflexão por cada ano de idade. O tempo parece passar mais devagar para as crianças mais novas. Contudo, mesmo as crianças em idade escolar não devem ficar mais do que 5 a 10 minutos nessa fase final do procedimento.

Depois de acertar o alarme, os pais devem dizer à criança: "Agora quero que você se mantenha calmo e pense a respeito do que fez de errado antes que o colocássemos aqui. Quando o alarme tocar, eu voltarei e o levarei de volta." No caso das crianças mais novas, deve-se lembrar o que fizeram de errado, por exemplo: "Lembre que queremos que você fique sentado em sua cadeira até que as barriguinhas do papai e da mamãe estejam cheias. Quando o alarme tocar, venho buscá-lo para voltar à mesa e nos mostrar como fica sentado bonitinho em sua cadeira."

Uso esse exemplo porque a maioria das crianças dessa idade com problemas de alimentação não quer permanecer em sua cadeira à mesa, o que costuma lhes render a sua primeira pausa. Por ser tão previsível, esse comportamento é um bom alvo para começar a pausa em um dia em que ambos os pais possam estar presentes, com a agenda livre para se concentrar nesse primeiro evento, que é muito importante.

A criança corrige o comportamento

Depois de ter refletido sobre o que deu errado e tiver completado a pausa, a criança precisa retornar à "cena do crime." Se isso ocorreu à mesa durante a refeição, ela deve ser levada de volta à mesa e ser solicitada a mostrar o comportamento correto. Se desceu da cadeira, ela tem que ser colocada de volta e avisada de que deve ficar sentada até que o papai e a mamãe terminem de comer. Mesmo que o tempo para se acalmar e superar a situação da pausa tenha sido longo – mesmo uma ou duas horas –, os pais devem deixar a comida à mesa e voltar a comer por pelo menos 5 minutos antes de deixar que o filho se levante. Embora possa não consumir nada durante essa refeição, a criança terá aprendido que precisa ficar à mesa até que seus pais lhe permitam levantar-se.

Muitos pais me contaram que depois de seus filhos terem sido submetidos a uma pausa por terem deixado a mesa, eles passaram a precisar apenas de um aviso para se lembrar de que tinham que ficar sentados. As refeições ficam mais silenciosas e as crianças passam a se alimentar melhor porque não há outra coisa para fazer à mesa durante 20 a 30 minutos a não ser comer. Além disso, esse procedimento de pausa não é apropriado apenas para lidar com comportamentos inadequados à mesa. Ele pode ser igualmente utilizado no caso de outros comportamentos inaceitáveis.

Algumas coisas importantes para lembrar sobre as pausas

Não tire seu filho da pausa quando ele estiver chorando

Quando as crianças são tiradas da pausa enquanto choram, elas aprendem que se chorarem alto o bastante os pais virão buscá-las, e chorarão ainda mais alto da próxima vez. Alguns pais me disseram que depois de um tempo não podiam mais suportar o choro do filho e que o tiravam da pausa e o confortavam. Depois dessa experiência, a criança passou a ficar gravemente angustiada quando deixada sozinha e eles nunca foram capazes de implementar a pausa de uma forma bem-sucedida.

Não interrompa o procedimento de pausa até que seu filho colabore

A maioria das crianças passa pela primeira pausa e corrige seu comportamento quando voltam. Contudo, algumas muito obstinadas retornam à "cena do crime" e fazem exatamente a mesma coisa de novo. Por exemplo, a criança que foi colocada na pausa por levantar-se durante a refeição, retorna à mesa e se levanta novamente sem ter sido autorizada pelos pais. Essa criança precisará de outra pausa até que perceba que não vencerá a batalha.

Ouvi relatos de pais que tiveram que colocar o filho em pausa duas ou três vezes; uma mãe chegou a precisar de sete pausas antes que o filho finalmente cedesse. Caso desistam e o filho vença, tem início uma batalha por controle entre os dois lados, com a criança no comando da situação. Isso a estabelece como mestre, o que é desvantajoso para todos – particularmente para ela mesma.

Quando seu filho dorme durante a pausa

Algumas crianças que são muito intensas podem chorar até se sentirem absolutamente exaustas e acabarem caindo no sono. É muito importante escutar quando ela se acalma e ir até lá para elogiá-la por isso. Se o filho estiver deitado no berço, os pais devem mantê-lo acordado ao levá-lo de volta à "cena do crime" e deixá-lo corrigir seu comportamento antes de permitir que ele volte a dormir. Se a criança chora até dormir em todas as pausas, todo o trabalho pode tornar-se ineficaz; portanto, deve-se evitar que isso aconteça. Se os pais deixarem passar o momento em que a criança deixa de chorar e começa a dormir, eles deverão lembrá-la do que aconteceu quando ela acordar, o motivo pelo qual ela foi colocada na pausa e de que ela caiu no sono após ter se acalmado.

Quando seu filho não quer sair da pausa

Outras crianças, principalmente as mais velhas, podem não querer sair do quarto e se recusar a corrigir seu comportamento. É muito importante que os pais insistam que o filho volte à "cena do crime" e corrija o mau comportamento. Algumas crianças em idade escolar que são muito obstinadas e entram em lutas de poder com os pais podem ser suscetíveis à perda de privilégios, como ver televisão ou jogar videogame, quando se comportam mal. Entretanto, as crianças não devem ser recompensadas ou perder privilégios por comer ou por deixar de comer. Geralmente, os pais podem evitar algumas dessas lutas por controle dando ao filho duas escolhas, desde que estas lhes sejam aceitáveis. Por exemplo, "Você quer comer primeiro a sobremesa ou o macarrão?" ou "Hoje, você quer usar a calça verde ou a azul?"

Quando os pais devem aplicar a pausa

As crianças têm temperamentos diferentes e reagem de forma distinta aos limites estabelecidos por seus pais. Algumas são tão sensíveis que ficam chorosas quando os adultos levantam a voz, enquanto outras são tão teimosas que olham provocativamente para eles ao repetirem o comportamento que lhes foi solicitado interromper. Para as crianças, testar limites faz parte da exploração de seu mundo em expansão e do desenvolvimento da sua independência, e os pais precisam ajudá-las a entender onde estão esses limites. Para aquelas mais cautelosas, isso significa a necessidade de encorajamento para que se aventurem, ao passo que as mais audaciosas precisam ser contidas.

Para algumas crianças, afastar-se quando estão esgotadas por causa de uma birra e voltar quando estão calmas é tudo de que precisam para aprender a se acalmar. No caso das obstinadas, seus comportamentos rebeldes e provocativos podem ser canalizados por meio da oferta de escolhas, mas se elas não desistem de um comportamento inaceitável, os pais precisam intervir.

Os pais precisam decidir quais comportamentos são inaceitáveis e devem ser consistentes com os limites estabelecidos no planejamento da pausa. Nas refeições, quando jogam comida ou utensílios, descem do cadeirão ou ficam zanzando pelo ambiente, as crianças não aprendem a comer efetivamente. Aquelas que choram e insistem em comer certos alimentos, mas os recusam quando lhes são oferecidos, ou as que não comem durante a refeição, mas pedem comida ou mamadeira meia hora depois, todas precisam entender que esses não são comportamentos aceitáveis.

* * *

O procedimento de pausa pode ser estressante e demorado na primeira vez. Todavia, é importante que você não se exalte emocionalmente durante o processo. Inicie-o antes de ficar agitado ou irritado porque seu filho não o escuta, e conduza-o com uma voz sem emoção, com um tom isento de raiva ou rispidez. Lembre-se de que a pausa deve constituir um breve período de distanciamento da família e *não um castigo*. Alguns pais preferem chamá-la de "tempo para esfriar a cabeça".

Embora seja tentador ficar menos rígido quando a pausa funciona, é importante continuar a usá-la conforme planejado em todas as ocasiões, para evitar a reincidência dos comportamentos desadaptativos. A maioria dos pais que diz que a pausa não funciona desviou-se do processo delineado neste capítulo.

Ao entender que devem obedecer aos pedidos dos pais e aprender a se acalmar quando frustrados por não terem conseguido impor sua vontade, os filhos se tornam indivíduos mais felizes. Em minha experiência, depois de aprender a se acalmar por si próprias, as crianças ficam mais confiantes e independentes, menos exigentes, menos ansiosas e menos apegadas.

Resumo do procedimento de pausa para ajudar seu filho a se acalmar, aceitar limites e adquirir autocontrole

- Quando seu filho se comportar mal, habitue-se a dar a ele *um único aviso*.
- Se ele não modificar o comportamento, coloque-o no período de pausa em seu berço, cercadinho, cômodo com portãozinho ou em seu quarto, um lugar onde esteja seguro, sozinho e com você fora de vista.
- Se ele chorar, espere até que se acalme; não interaja com ele durante o choro.
- Depois que ele estiver calmo, aproxime-se e diga-lhe que entende ter sido muito difícil para ele se acalmar, que se orgulha por ele ter conseguido fazê-lo sozinho e que quer que ele permaneça calmo e pense sobre o que fez de errado.
- Então, ajuste o alarme de seu relógio (1 minuto para cada ano de idade) e diga-lhe que voltará quando ele tocar.
- Se seu filho começar a chorar novamente, desligue o alarme e diga-lhe que voltará quando ele acalmar-se de novo. Quando isso acontecer, volte e repita o procedimento programando o alarme mais uma vez.
- Depois que o alarme tocar, elogie seu filho novamente por manter-se calmo e leve-o de volta à "cena do crime".
- Peça-lhe que corrija seu comportamento; por exemplo: "Mostre ao papai e à mamãe como você fica sentadinho em sua cadeira enquanto estamos comendo."
- Se seu filho ainda estiver com raiva e se comportar mal novamente, repita o procedimento de pausa até que ele obedeça.

Capítulo 4

Crianças que raramente mostram sinais de fome: anorexia infantil

Embora as crianças com anorexia sejam brincalhonas e cheias de energia, elas raramente mostram qualquer apetite. Aquelas que têm entre 1 e 3 anos de idade ganham peso lentamente e ficam abaixo do peso normal, por causa da baixa ingestão de alimentos. Essa falta de apetite se revela cedo, mais comumente entre os 6 meses e os 3 anos.

Chamei esse transtorno alimentar de *anorexia infantil* – *anorexia* significando falta de apetite, e *infantil* porque o seu começo ocorre precocemente durante a primeira infância. A anorexia infantil é diferente da anorexia nervosa, que começa durante os últimos anos da infância, na adolescência ou na idade adulta. O termo *anorexia nervosa* pode levar a confusão, porque as pessoas com esse transtorno não sofrem de falta de apetite, mas restringem a ingestão de comida por terem medo de ser ou ficar gordas. Elas sofrem distorções na maneira como enxergam seus corpos, vendo-se corpulentas ou gordas, quando na verdade são magras ou mesmo raquíticas. Enquanto a anorexia nervosa é observada principalmente entre meninas e mulheres jovens, a anorexia infantil manifesta-se tanto em meninas como em meninos.

Como a anorexia infantil se desenvolve

Alguns bebês com anorexia já mostram falta de interesse em comer durante os primeiros 6 meses de vida. Várias mães me disseram que quando amamentavam seus filhos quando bebês, eles sugavam por pouco tempo, e se alguém entrava no quarto, ou se o telefone tocava, a alimentação era encerrada. De modo geral, a alimentação vai relativamente bem durante os primeiros 6 meses.

Contudo, quando aprendem a ficar sentadas e especialmente quando começam a engatinhar, andar e falar, e quando seu mundo se expande e torna-se cada vez mais interessante, essas crianças deixam de comer. Raramente mostram sinais de que estão com fome, e depois de poucas colheradas recusam-se a abrir a boca e não querem mais comer. Elas atiram a comida e os utensílios e tentam descer do cadeirão. Uma vez livres, parecem aproveitar o tempo e se divertir, levando os seus pais a se questionarem de onde vem tanta energia depois de comerem tão pouco. Minha forma favorita de descrever essas crianças é que elas têm um apetite enorme por todas as coisas do mundo, exceto por comida.

Sua alimentação insuficiente e a falta de interesse por comida prosseguem na idade escolar. Depois que crescem, algumas dessas crianças conseguem verbalizar para mim como se sentem em relação à alimentação. Elas me dizem que "comer é chato", e que não têm tempo para consumir seu lanche na escola porque é o único momento em que podem conversar com seus amigos. Quando estão ocupadas brincando ou fazendo outras atividades, se esquecem de comer. Elas protestam ao serem chamadas para a refeição à mesa; parecem ficar satisfeitas rapidamente e depois de algumas poucas colheradas querem se levantar e fazer outra coisa mais interessante que comer. A maioria delas adora falar em vez de se alimentar. Uma menina de 7 anos, quando indagada por que não comeu quando seus pais e amigos a levaram a um restaurante, me respondeu: "Minha boca está mais para conversa."

Após alguns meses de pouco ganho de peso, elas exibem desaceleração na curva de crescimento, embora seu desenvolvimento intelectual prossiga normalmente. Para algumas delas, esse déficit de crescimento fica muito visível e, conforme o tempo passa, aos 3 anos de idade se parecem com uma criança de 2, ou aos 9 podem ser confundidas com um aluno da primeira série. Entretanto, há aquelas que continuam a crescer a uma taxa normal e, por isso, tornam-se crianças extremamente magras.

O impacto da anorexia infantil sobre os pais

Para os pais, principalmente para as mães de primeira viagem, os sinais de falta de fome dados por seus filhos e a recusa de comer são frustrantes e preocupantes. Eles se perguntam por que os filhos dos vizinhos e amigos falam quando têm fome e comem sem problemas, enquanto o seu filho não quer comer. Eles se culpam e se perguntam o que estão fazendo errado. Distraem os filhos com brinquedos, o que ajuda temporariamente, já que as crianças os adoram e permitem que os pais coloquem comida em suas bocas enquanto estão distraídas. No entanto, os pais sempre têm que apresentar brinquedos novos e mais interessantes para conservá-las entretidas de modo que abram suas bocas, sem a consciência de estarem sendo alimentadas.

Alguns pais tentam persuadir os filhos a comer mais, e correm atrás deles com uma colher enquanto os pequenos se divertem com a perseguição e ocasionalmente param para aceitar um pouco de alimento, o que reforça o comportamento dos adultos de manter esse jogo. Outros deixam a mamadeira ou a comida à disposição para que as crianças se sirvam caso se sintam dispostas a comer, e alguns chegam a se levantar para alimentá-las à noite. Alguns deles ficam tão desesperados que tentam colocar a comida à força na boca da criança. O medo do que pode acontecer com ela caso não coma, de que isso vá afetar o desenvolvimento de seu cérebro, de que ela morra, é tão poderoso que os pais, tão racionais em outras situações, perdem toda a perspectiva e ficam à mercê dos pequenos.

O efeito sobre a relação entre pais e filho

Infelizmente, quanto mais os pais tentam ajudar seus filhos a comer, distraindo-os, persuadindo-os, implorando-lhes ou forçando-os, mais difícil a alimentação se torna. Pais e filho entram em conflito e começa uma luta por controle (Chatoor et al., 1998). As crianças querem brincar e ficar longe da comida e da mesa, e os adultos querem que elas comam um pouco mais para que cresçam. Às vezes, esse conflito durante a refeição contamina suas outras interações. Isso envenena toda a relação e pode afetar o desenvolvimento da criança. Como conseguimos demonstrar em uma de nossas pesquisas sobre anorexia infantil, a correlação entre baixo peso e desenvolvimento cognitivo não é significativa (Chatoor et al., 2004). No entanto, existe uma forte correlação entre a intensidade do conflito entre mãe e filho durante a refeição e o baixo desempenho em testes de desenvolvimento. É muito importante que os pais entendam isso porque aquilo que mais temem, ou seja, que seus filhos tenham problemas de desenvolvimento por não ganharem peso de forma adequada, é exatamente o que pode acontecer, não pelo baixo peso, mas por causa da tensão e do conflito durante as refeições.

O que torna essas crianças especiais

A maioria dos pais fica admirada de como seu filho pode ser tão ativo, brincalhão e incansável a despeito do fato de comer quase nada. Um de nossos estudos nos forneceu alguns *insights* para a melhor compreensão desse fato. Quando comparamos os batimentos cardíacos de crianças com anorexia infantil com o daquelas classificadas como "comedores saudáveis" em três situações, com diferentes demandas sociais, descobrimos que as primeiras tinham um ritmo mais acelerado desde o início – quando estavam sozinhas com suas mães olhando um livro de imagens e durante a segunda situação, quando um estranho entrava na sala e fazia perguntas sobre figuras de outro livro. Contudo, de forma mais interessante, na terceira situação, quando ganhavam um brinquedo para se entreter, e a mãe e o estranho ficavam afastados, descobrimos que os comedores saudáveis relaxavam e seus batimentos cardíacos baixavam, ao passo que as crianças anoréxicas ficavam mais excitadas e tinham um aumento ainda maior de sua frequência cardíaca (Chatoor et al., 2004).

É importante saber que a frequência cardíaca de nosso corpo aumenta automaticamente durante atividades físicas e quando estamos emocional e cognitivamente entretidos. Isso permite que o sangue se movimente para os órgãos que necessitam de energia adicional para essas atividades – ao que comumente se refere como "adrenalina fluindo." Por outro lado, quando relaxamos, quando estamos prontos para dormir ou comer, nosso metabolismo abaixa automaticamente, as frequências cardíaca e respiratória diminuem, e a oferta de sangue vai para os órgãos que promovem a digestão e o crescimento.

Esse mecanismo funciona de forma diferente em crianças com anorexia infantil. Em vez de relaxar e baixar os batimentos cardíacos, como acontece com os comedores saudáveis, elas ficam ocupadas olhando a mãe e o estranho, e entretendo-se com o brinquedo, tudo ao mesmo tempo, e sua frequência cardíaca sobe ainda mais. Essa dificuldade de desligar-se da estimulação e relaxar ajudou-me a entender a dificuldade que elas têm para fazer o mesmo quando precisam comer ou são colocadas para dormir. Um dos pais colocou muito bem a questão quando disse que sua filha de 7 anos "preferia brincar e falar a comer, e ler a dormir".

Muitas dessas crianças têm dificuldade não apenas com a alimentação – elas também não conseguem se acalmar e desligar seu entusiasmo com o mundo quando precisam ir dormir. Muitos pais me disseram que pode levar uma hora, ou mais, para que seus filhos mergulhem no sono, e observei muitas crianças "bêbadas de sono", mas incapazes de interromper a brincadeira até cair literalmente no chão. Um pai descreveu isso dizendo que o "botão de desligamento" dessas crianças não funciona.

Descobrimos ainda que muitas daquelas que sofrem de anorexia infantil não são apenas crianças muito intensas que funcionam em "alta rotação", mas são também muito obstinadas e podem ser bastante desafiadoras em relação a seus pais. Elas não gostam de receber "não" como resposta e continuam fazendo o que querem fazer. Ficam intensamente chateadas quando as coisas não caminham a seu modo. São dadas a birras e têm dificuldade de se acalmar quando perdem o controle. Ao combinarem tudo isso com seus padrões irregulares de alimentação e sono, elas se tornam um desafio e tanto para os pais.

O que pode explicar as diferenças nos comportamentos de alimentação e sono

Ao longo dos anos, vendo muitas dessas crianças com anorexia infantil, surpreendi-me ao perceber que os sinais do baixo impulso da fome podem aparecer bem cedo, às vezes já mesmo no primeiro ano de vida. Também notei que, em uma mesma família, uma criança pode ter anorexia infantil enquanto as outras comem bem. De forma ainda mais surpreendente, observei que entre as 14 crianças gêmeas afetadas pelo transtorno que atendi ao longo desses anos, apenas no caso de gêmeos idênticos, ambos os irmãos tinham anorexia infantil, ao passo que entre os bivitelinos o gêmeo da criança com anorexia infantil era sempre um comedor saudável. Esse resultado fala fortemente a favor da predisposição genética como um dos fatores desse transtorno alimentar.

Consequentemente, levantei o histórico familiar das crianças que atendi e descobri que um dos pais, avô, tio ou tia havia apresentado dificuldades de alimentação similares na infância, embora não com a mesma gravidade daquela manifestada por meu paciente. Os pais repetidas vezes me diziam que eram magros e maus comedores durante a fase de crescimento, mas muitos deles tinham começado a comer melhor ao chegar à adolescência e juventude. Alguns deles, muito altos, me contaram que tinham crescido até os 20 ou 25 anos, enquanto a maioria dos meninos para de crescer aos 18. Curiosamente, esses pais afirmaram que se esqueciam de comer quando estavam muito ocupados ou envolvidos com o trabalho, e que com frequência passavam o dia sem comer até que chegassem em casa à noite e relaxassem. Tomara que, no futuro, as pesquisas lancem mais luz sobre essas descobertas clínicas.

O que acontece quando essas crianças ficam mais velhas

A esperança de muitos pais é que os filhos simplesmente atravessem essa fase de recusa de alimentação e baixo crescimento e comecem a comer melhor à medida que fiquem mais velhos, e que, quando isso acontecer, eles possam conversar sobre a questão da alimentação de uma maneira mais razoável. Até esse momento, as informações que temos provêm de dois estudos sobre anorexia infantil em que houve um acompanhamento da criança até a idade escolar. Uma pesquisa feita em Roma identificou 70 crianças que sofriam desse problema quando estavam com idade entre 6 meses e 3 anos e que foram posteriormente avaliadas aos 5 anos e de novo aos 8. Por diversas razões, elas foram submetidas a poucas intervenções no momento do diagnóstico, o que nos deu algum entendimento sobre o desenvolvimento natural desse transtorno alimentar (Ammaniti et al., 2011).

No momento do diagnóstico, as crianças estavam moderada ou gravemente malnutridas. Embora metade delas tenha continuado nessa condição, de forma leve ou moderada, a outra metade teve seu peso normalizado por volta dos 8 anos de idade. No entanto, quando comparadas com um grupo controle de comedores saudáveis, continuaram a mostrar sinais precoces de saciedade, e à medida que os anos passavam, tornaram-se cada vez mais exigentes em relação aos alimentos que queriam comer. Além disso, mostraram mais sintomas de ansiedade, queixas somáticas e problemas de comportamento que o grupo controle de comedores saudáveis.

Nosso estudo em Washington DC acompanhou 32 crianças com idades entre 1 e 3 anos e meio até a metade e o final da infância quando chegaram aos 7 a 13 anos de idade. No início, seus pais participaram de um estudo de tratamento, recebendo instruções de como implementar as diretrizes alimentares e o procedimento de pausa descritos nos Capítulos 2 e 3.

Durante o acompanhamento, dois terços das crianças mostraram padrões alimentares saudáveis e bom crescimento, ao passo que o restante continuou a apresentar vários graus de peso deficitário para a idade. Embora tenham melhorado sua ingestão de alimentos e seus padrões alimentares, algumas continuaram magras. Os pais, contudo, estavam aliviados pelo fim do conflito durante as refeições e passaram a aceitar que os filhos faziam parte do grupo de pessoas magras. Quatro dessas crianças estavam atrasadas em seu crescimento, o equivalente a 2 a 3 anos mais baixas que o esperado para a idade.

Observamos que aquelas cujos pais, pelos mais diversos motivos, não tinham conseguido seguir as diretrizes alimentares e o procedimento de pausa continuaram a criar conflitos durante as refeições, apresentaram baixo crescimento e exibiram mais sintomas de ansiedade e distúrbios do sono.

Curiosamente, não houve relação entre o desempenho cognitivo e o peso das crianças no momento do diagnóstico e durante o acompanhamento. Na fase de acompanhamento, cerca de metade das crianças obteve rendimento normal em testes formais de inteligência, enquanto o restante ficou acima da média, e alguns atingiram o nível máximo. Uma das crianças, que continuou magra mesmo tendo melhorado seus hábitos alimentares, superou todas as outras crianças, inclusive aquelas saudáveis do grupo controle (Chatoor et al., 2011).

Esses dois estudos, de Roma e Washington, demonstraram que as crianças com anorexia infantil, quando não tratadas, frequentemente continuam a comer e a crescer de forma deficitária e correm o risco de sofrer de ansiedade, distúrbios do sono, sintomas somáticos e problemas de comportamento. Por outro lado, no caso dos pais que conseguem seguir as diretrizes alimentares e o procedimento de pausa, os filhos apresentam melhores padrões alimentares, melhora do crescimento e desenvolvimento emocional saudável.

Como os pais podem ajudar seus filhos

O principal desafio dos bebês e crianças com anorexia é reconhecer a fome e aprender a comer até ficarem saciados. Essas crianças são curiosas e brincalhonas e parecem não ter a consciência desses sinais internos.

Alguns bebês já revelam essa característica nos primeiros meses de vida, quando ainda são alimentados no colo, seja no peito ou na mamadeira. Quando estão comendo e alguém entra no quarto ou o telefone toca, eles ficam distraídos e interrompem a alimentação. Algumas mães me contaram que alimentá-los em um quarto silencioso, com uma iluminação suave e cobertos por um tecido leve, pode ser de muita ajuda. Estabelecer um horário regular para as refeições e não alimentá-los com muita frequência também é útil para que eles próprios estabeleçam um ritmo regular de fome e saciedade.

Uma vez que adquirem mobilidade, quando aprendem a andar e a falar, e o seu mundo se torna cada vez mais interessante, tem início o período mais desafiador. Essas crianças demonstram seu aborrecimento no momento da refeição agarrando e jogando o que têm diante de si, colheres, outros utensílios e a comida. Depois de algumas colheradas, querem descer do cadeirão e sair zanzando pela casa.

Muitos pais caem na armadilha de tentar obter a atenção dos filhos com brinquedos e vídeos para distraí-los enquanto colocam a comida em suas bocas. Porém, essa é somente uma solução temporária e o tiro acaba saindo pela culatra, porque isso exigirá brinquedos cada vez mais interessantes para alcançar a distração desejada. Por outro lado, as crianças dessa idade gostam de estar no controle, e dar-lhes uma colher para que pratiquem a alimentação independente, enquanto se usa outra para alimentá-las, pode evitar a "batalha da colher" que certamente se seguiria.

Também é útil introduzir alimentos que possam ser comidos com as mãos – pequenos pedaços que se desmanchem na boca –, e dar às crianças um ou dois pedaços de cada vez, para que não haja acúmulo de comida e os pais possam se ocupar apenas com elas. Os pais têm a tendência de pôr muita comida diante do filho, o que serve somente como um convite para que ele a jogue. Algumas crianças mais velhas me disseram que se sentem oprimidas quando há muita comida diante delas, e então desistem de comer.

Também é importante não alimentar as crianças com muita frequência (incluindo mamadeira ou peito), para que elas experimentem a sensação de fome, e isso pode ser alcançado somente se elas comerem a cada três ou quatro horas, nunca mais do que isso. Muitos pais adotam o padrão de deixar que a criança tenha acesso constante à mamadeira ou à comida, na esperança de que cada caloria ingerida valha a pena. Contudo, isso é muito prejudicial, pois as pequenas quantidades que as crianças eventualmente comem ou bebem vão apenas comprometer seu apetite e não serão suficientes para o seu crescimento.

Uma vez que as crianças se tornam mais aptas a se alimentar de forma independente, é muito importante que façam as refeições junto com a família. Não há nada mais importante para elas do que observar o exemplo de seus pais se alimentando. Elas querem experimentar aquilo que veem os pais comendo, e dar-lhes pequenas quantidades da comida é uma forma de introduzir novos alimentos em sua dieta e de tornar as refeições mais interessantes.

Esse também é o momento em que as crianças precisam aprender a comer até que se sintam saciadas. Uma das características das crianças com anorexia é que elas experimentam uma saciedade precoce, param de comer assim que o incômodo da fome desaparece, e querem levantar-se e brincar. Mantê-las sentadas à mesa, ensinando-lhes que têm de permanecer assim até que as barrigas do papai e da mamãe estejam cheias, ajuda-as a se alimentar por mais tempo e a aprender a comer até se sentirem saciadas. Mas isso nem sempre se dá de maneira tranquila e as crianças costumam desafiar os pais querendo se levantar antes da hora. Essa é a situação em que o procedimento da pausa entra em cena para ajudá-las a aprender a seguir instruções e se acalmarem quando as coisas não acontecem do modo como elas querem.

Já que essa fase das crianças é tão desafiadora para os pais em geral e, em especial, para aqueles que têm filhos anoréxicos, recomendo enfaticamente que você leia os três primeiros capítulos deste livro, especialmente o Capítulo 2, sobre as diretrizes alimentares, e o Capítulo 3, sobre como implementar o procedimento de pausa para estabelecer limites e ensinar seu filho a se acalmar quando não consegue as coisas do seu jeito. *Essas diretrizes de alimentação e o procedimento de pausa são muito úteis para todas as crianças, mas são fundamentais para aquelas que sofrem de anorexia infantil.*

Essas crianças são muito ativas e para elas é muito difícil se acalmar para comer e dormir. Ajudá-las a aprender a se sentar à mesa para que possam comer até ficarem satisfeitas é fundamental para que comam as quantidades adequadas ao seu crescimento. Ao aprenderem a se acalmar quando estão aborrecidas, elas ficam mais tranquilas para se alimentar e dormir adequadamente.

* * *

Descreverei o caso de duas crianças com anorexia infantil para enfatizar a diferença em seu desenvolvimento – uma passou pelo tratamento e a outra não. Primeiro, apresentarei Nicole, que encontrei pela primeira vez quando era uma criança aprendendo a andar e que tive a oportunidade de reavaliar quanto estava com 7 anos de idade. Seus pais não conseguiram dar seguimento ao tratamento. Depois, discutirei o caso de Joseph, cujos pais participaram de nosso estudo de tratamento.

O caso de Nicole

Nicole tinha 1 ano e 9 meses quando foi trazida à nossa equipe multidisciplinar de transtornos alimentares por causa de seu pouco apetite e baixo crescimento. Seus pais relataram que apesar de todos os seus esforços de oferecer-lhe todos os tipos de alimentos, de distraí-la com brinquedos e livros, de deixar comida e mamadeira ao seu alcance no caso de ter fome ou sede, ela só comia pedaços minúsculos ou tomava pequenos goles de leite e então voltava a brincar. Ficava cada vez mais difícil mantê-la no cadeirão, e depois de algumas mordiscadas, ela lutava para descer.

Eles tentaram alimentá-la em movimento, seguindo-a com uma colher, mas ela só aceitava poucas quantidades e depois se recusava a comer mais. A mãe disse que estava exausta, gastando horas em tentativas de alimentar Nicole e de colocá-la para cochilar ou para dormir à noite. Entretanto, a despeito de sua má alimentação e pouco sono, a menina parecia estar cheia de energia, era brincalhona e atingia todas as marcas de desenvolvimento. Ela começou a andar e a falar pequenas frases com 1 ano de idade. Os pais se perguntavam de onde ela tirava toda essa energia, uma vez que mal comia e dormia.

A história passada de Nicole revelou que ela tinha nascido um pouco prematura, com 36 semanas de gestação. Tinha 2,400 kg e permaneceu no hospital por cinco dias. Uma vez em casa, foi amamentada no peito de modo bem satisfatório. Aos 6 meses, ela começou a experimentar papinhas infantis, que aceitou sem dificuldade, mas em pequenas quantidades, e a mãe continuou a amamentá-la até que completasse 1 ano e 3 meses. Com 1 ano de idade, foram-lhe apresentadas comidas mais sólidas e ela parecia gostar da maioria delas, embora comesse apenas pequenas quantidades. Nessa idade, ela aprendeu a andar de forma independente e estava sempre em movimento.

Era difícil colocá-la no cadeirão e os pais apareciam com todos os tipos de entretenimento para conseguir sentá-la e mantê-la assim por uns poucos minutos. Ela era uma criança encantadora e adorava andar, subir e correr, mas não queria interromper o que estava fazendo para comer ou tirar um cochilo. Eles tentaram "de tudo", desde usar brinquedos para distraí-la de modo a conseguir colocar algum alimento em sua boca, até segui-la com uma colher ou deixar alimento a seu alcance para que comesse caso tivesse vontade, mas nada parecia ajudar. Nicole ganhava peso lentamente e sua curva de crescimento também começou a desacelerar.

No momento de sua avaliação, com 1 ano e 9 meses, ela estava no percentil 5 para peso e 10 para altura na tabela de crescimento para meninas de sua idade. Em uma tabela na qual 100% representa o peso ideal normal, com uma margem de 10% para cima e para baixo para a normalidade, ela alcançava apenas 81%. Isso a colocava na faixa de desnutrição leve. Nicole aparentava ser uma criança de 1 ano e 3 meses, em vez de quase 2 anos. No entanto, a medida da circunferência de sua cabeça estava dentro da faixa normal para a faixa etária e a avaliação de seu desenvolvimento geral e motor-oral também apresentou resultados adequados para a sua idade. Ela era uma menina pequena, ativa e curiosa, que gostava de brincar e de interagir com os adultos que faziam parte de sua vida, mas que não gostava de comer nem de dormir.

A história familiar era interessante no que se referia ao pai de Nicole, que era magro e tinha pouco apetite quando criança. Ele começou a crescer durante a adolescência e continuou crescendo na época da faculdade, aos 20 anos, quando atingiu sua altura de mais de 1,80 m. Ele declarou que até mesmo como adulto ainda se esquece de se alimentar quando está muito ocupado e que pode passar o dia inteiro sem comer. A mãe de Nicole também era uma má comedora e cresceu apenas até 1,52 m. Ela também afirmou que, quando ocupada ou estressada, não se alimenta e pode pular refeições até que se sinta relaxada.

Antes do início do tratamento, a família teve um segundo bebê e Nicole não foi acompanhada até os 7 anos de idade. Nessa oportunidade, os pais relataram que a segunda filha era uma boa comedora e que, aos 5 anos, tinha a mesma altura da primeira e que as duas frequentemente eram confundidas como sendo gêmeas. Os pais continuavam preocupados com o fato de Nicole não estar comendo o suficiente, pois ela não tinha ganhado peso em um percentual apropriado e era pequena e magra para sua idade.

Eles continuaram a incentivá-la a comer mais, bajulando-a e deixando comida disponível caso tivesse vontade, mas nada parecia incrementar sua ingestão de alimentos. Ela raramente mostrava sinais de fome e com frequência resistia em interromper o que estava fazendo para ir se alimentar. À mesa, preferia falar e brincar a comer. Frequentemente, ela voltava da escola com seu lanche intocado, dizendo que não tinha sentido fome ou tido tempo para comê-lo. Mesmo em casa, levava sempre muito tempo para fazer suas refeições, porque ficava muito ocupada em falar e entreter a família.

Além disso, ela continuava dormindo muito pouco. Tinha dificuldade para pegar no sono e, às vezes, acordava durante a noite e ia para a cama dos pais. Eles continuavam se perguntando de onde a filha tirava tanta energia, considerando o quão pouco comia e dormia. Ela era uma menina pequena, ativa e sempre pronta para brincar, cheia de imaginação e ideias, além de muito hábil com sua bicicleta.

Contudo, ao iniciar o jardim da infância, Nicole teve problemas para se concentrar na escola. Distraía-se facilmente e recebeu o diagnóstico de transtorno do déficit de atenção com hiperatividade (TDAH), quando avaliada em outro centro médico. Foi tratada com um medicamento estimulante, que diminuiu seu apetite e retardou seu crescimento. Nossa avaliação revelou que ela estava abaixo do percentil 1 em peso e altura para a sua idade, e além da anorexia infantil ela tinha transtorno de sono e de ansiedade, erroneamente avaliados como TDAH.

O caso de Joseph

Este caso ilustra pais que foram bem-sucedidos em executar as diretrizes alimentares e o procedimento de pausa para a criança se acalmar.

Joseph tinha 1 ano e 7 meses quando foi encaminhado para a nossa clínica multidisciplinar de transtornos alimentares. Seus pais estavam preocupados com o seu pouco apetite e baixo crescimento. A mãe reclamou que, na hora das refeições, o menino mostrava um interesse mínimo pela comida e que tinha de alimentá-lo caso quisesse que ele comesse alguma coisa. Mesmo assim, o filho aceitava três colheradas e depois parava de se alimentar, brincava com os alimentos ou os jogava ao seu redor. Ela usava vários brinquedos e jogos, e, no início, costumava conseguir que ele comesse mais uns bocados. Não importava se oferecesse alimentos que imaginava serem os seus preferidos, ele ainda assim não mostrava nenhum interesse em comer. Era difícil mantê-lo no cadeirão, mas, uma vez livre, ficava feliz correndo e brincando, e assim a refeição era concluída.

A história inicial de sua vida era comum. Nasceu depois de uma gestação normal de 9 meses, com 2,950 kg. Foi amamentado durante os primeiros 14 meses de vida, mas recusou-se a tomar mamadeira.

A amamentação foi boa e, nos primeiros meses, não houve problemas com seu ganho de peso. Aos 6 meses, as papinhas infantis foram introduzidas e ele aceitava tanto as de frutas como as de legumes, mas tendia a comer porções muito pequenas e nunca ficava entusiasmado na hora das refeições. Aos 8 meses, foi a vez dos alimentos macios que ele podia pegar com as mãos, e novamente o menino comia apenas pequenas quantidades.

Seus pais se preocuparam pela primeira vez quando Joseph completou 1 ano de idade e começou a andar sozinho. Ficou cada vez mais difícil mantê-lo no cadeirão. Transformou-se em uma criança muito ativa e feliz que não queria se aborrecer com comida. Todavia, dormia muito bem. Os pais fizeram um treinamento de sono quando Joseph tinha 4 meses e ele tirava sonecas e ia dormir sem dificuldade. Mas, quando seu ganho de peso começou a desacelerar durante os seis meses anteriores à consulta, eles ficaram cada vez mais preocupados com seu pouco apetite e baixo crescimento.

O exame clínico revelou uma criança magra, ativa e alerta, sem sinais de sofrimento. Sua altura estava no percentil 50 e o peso abaixo do terceiro percentil, o que o colocava a 84% do peso ideal, na faixa de desnutrição suave (entre 90 e 110% do peso ideal é considerado normal). A circunferência da cabeça tinha um percentil de 25 a 50 para a sua idade, índice que está dentro da média. O desenvolvimento geral e motor-oral estavam adequados à sua idade e não despertavam nenhuma preocupação.

Sua história familiar era interessante pelo fato de o pai se lembrar de ter sido muito magro quando criança e de ouvir dizer que comia mal durante a infância. No entanto, essa situação melhorou na adolescência e ele cresceu até ficar com aproximadamente 1,80 m de altura. Contudo, mesmo adulto, esquecia-se de comer quando estava ocupado em seu trabalho, e não conseguia se alimentar se estivesse chateado, só conseguindo fazê-lo depois de se acalmar. Por outro lado, a mãe tinha 1,67 m de altura e não se lembrava de ter tido qualquer problema de alimentação durante sua infância e adolescência. No entanto, recordava-se de que um de seus irmãos não comia bem e crescia muito lentamente.

Joseph foi diagnosticado como portador de anorexia infantil com base em seu apetite reduzido e desnutrição. À exceção do transtorno, ele era apenas mais uma criança sempre disposta a brincar. O garoto foi inscrito em nosso programa de tratamento, que ensinou aos pais como ajudá-lo a reconhecer fome e saciedade e a regular internamente sua ingestão de alimentos em vez de ficar tentando diverti-lo, de modo a conseguir que comesse alguma coisa. Por um período de três meses, os pais compareceram a seis sessões, as três primeiras com duas horas de duração e as três últimas com uma hora cada. Durante essas sessões, discutiam-se as diretrizes alimentares e os pais eram ajudados a implementar o procedimento de oferecer uma pausa.

O maior desafio era manter Joseph no cadeirão tempo suficiente para que comesse até ficar saciado. Os pais trabalharam juntos e começaram o primeiro procedimento de pausa durante um fim de semana em que ambos podiam ficar em casa. O menino chorou amargamente por mais de uma hora quando o procedimento foi colocado em prática pela primeira vez, depois de ter ignorado o aviso dos pais e ter continuado a tentar sair do cadeirão. No entanto, depois dessa primeira e longa provação de pausa, que durou até que conseguisse se acalmar, ele aprendeu rapidamente que tinha de ficar em seu cadeirão até que as barrigas do papai e da mamãe estivessem cheias.

Ele ainda era suscetível à distração, mas começou a ficar cada vez mais calmo durante as refeições e a comer por períodos cada vez mais longos porque não havia qualquer outra coisa a fazer enquanto era prisioneiro de seu cadeirão. Demorou mais de um mês para que aparentemente se esquecesse da primeira pausa. Ele testou os pais de novo e acabou submetido a uma segunda pausa, em que levou apenas 10 minutos para se recompor e ficar pronto para corrigir seu comportamento.

Em sua primeira sessão de acompanhamento, dois meses depois de encerrado o treinamento, Joseph tinha feito um belo progresso.

Os pais disseram que tinha sido difícil implementar as diretrizes alimentares e que isso tinha exigido ajustes em seus próprios padrões de alimentação. Mas eles estavam felizes por terem conseguido e sentiam que as refeições ficavam cada vez mais agradáveis sem a tensão de pensar em quão pouco ou muito o pequeno Joseph comeria. Ele ainda era suscetível à distração, mas sua mãe era muito eficaz em reorientá-lo para sua comida. O menino aprendeu a permanecer em seu cadeirão, e quando testou seus pais e tentou escorregar para fora dele, recebeu um aviso firme que o manteve em seu lugar. Sua ingestão de alimentos tinha melhorado significativamente, o que se refletiu em sua curva de crescimento. Ele subiu de 84% do peso ideal para 90%, o que o colocava dentro da faixa da normalidade, no limite inferior.

Joseph voltou pela segunda vez, quatro meses depois. Estava se recuperando de uma gripe forte e seus pais relataram que ele tinha se desligado enquanto estava doente. Não havia se alimentado durante uma semana, mas continuou a tomar o seu leite, e depois disso seu apetite pareceu ter voltado gradativamente. Dessa vez, seu peso em relação ao ideal para a sua idade tinha baixado para 88%. Os pais se tranquilizaram quando lhes disse que as crianças com anorexia infantil eram particularmente vulneráveis à perda de apetite quando ficavam doentes ou quando havia mais agitação em suas vidas, como convidados em casa, viagens ou festas.

A terceira sessão de acompanhamento aconteceu um ano depois do fim do treinamento. Dessa vez, os pais pareciam muito satisfeitos pelo fato de Joseph ter ficado mais consciente de sua fome e de às vezes até mesmo verbalizá-la dizendo que estava faminto e que queria comer. Sua ingestão de alimentos melhorou muito e isso se refletiu em seu percentual em relação ao peso ideal, que subiu para 93%, colocando-o dentro da faixa considerada normal. Mas a mãe percebeu que quando iam comer na casa dos avós ou em um restaurante, ele ainda ficava muito suscetível à distração e precisava ser lembrado a manter o foco em sua comida.

> Joseph retornou para uma sessão de acompanhamento quando tinha 8 anos. Tinha se transformado em um menino alto e magro, alcançando percentil 73 para altura e 75 para peso na tabela para meninos de sua idade. Os pais não tinham preocupações com sua alimentação e as refeições aconteciam sem conflitos. Ele com frequência dizia quando tinha fome e apenas ocasionalmente precisava ser incentivado para ir à mesa na hora das refeições. Gostava de andar a cavalo e era muito hábil em jogos de computador. Tinha vontade de aprender e bom desempenho na escola. Eles descreviam Joseph como um menino afetuoso e sociável que fazia amizades com facilidade e que era muito querido por seus amigos.

* * *

Conforme esbocei nessas duas discussões de caso, crianças com falta de apetite mostram pouco ganho de peso e tornam-se desnutridas durante o período entre 1 e 3 anos de idade, quando aprendem a andar e falar e ficam ansiosas para explorar o mundo que têm diante de si. Elas ficam tão entusiasmadas com suas descobertas que parecem não ter tempo para comer e dormir. Aparentam ter um nível de excitação aumentado, o que faz delas crianças cheias de energia e entusiasmo. Mas, ao mesmo tempo, é difícil interromper esse estado de agitação quando elas precisam relaxar para comer ou dormir. Nesse estado, parecem não reconhecer que estão com fome e que precisam se alimentar. Elas não querem ficar sentadas no cadeirão e ser incomodadas com a refeição, e crianças mais velhas chegam a verbalizar claramente que comer é chato e que preferem brincar.

Essas crianças impõem um desafio diante de seus pais por causa da sua recusa de comer e de seu baixo crescimento. No entanto, espero que pela leitura deste capítulo e pela adoção das diretrizes alimentares e do procedimento da pausa, os pais possam entender seu temperamento especial e, como os pais de Joseph, possam ser bem-sucedidos em ajudá-las a reconhecer fome e saciedade e a aprender a comer de acordo com as suas necessidades fisiológicas.

Capítulo 5

Crianças seletivas para comer

Um grande número de pais acredita que ao menos um dos filhos não está comendo adequadamente e se refere a eles como sendo "chatos para comer". Na literatura científica, a expressão mais usada para descrever casos como esse é comedor seletivo (*picky eater*), mas ela tem graves limitações, pois significa coisas diferentes para pessoas diferentes e inclui uma variedade de problemas alimentares. Às vezes, pode significar dificuldades em relação à seleção dos alimentos que as crianças querem comer e aqueles que elas rejeitam, mas também serve para descrever crianças que não estão interessadas em alimentação e comem apenas pequenas quantidades (tema discutido no capítulo anterior sobre anorexia infantil). Alguns autores descrevem as crianças que são exigentes em relação ao que querem comer como "comedores seletivos", enquanto outros usam a expressão "comedores exigentes" ou "comedores meticulosos". Usarei a expressão "*comedores seletivos*" referindo-me somente àquelas crianças que se recusam a comer determinados alimentos.

Essa seletividade pode tomar diferentes formas e variar significativamente em gravidade e quanto às complicações para a saúde e o desenvolvimento geral da criança. Muitas podem mudar suas preferências alimentares repetidas vezes, comendo um alimento um dia e recusando-o no próximo; outras rejeitam sistematicamente determinados alimentos. Em alguns casos, o filho pode rejeitar apenas alguns alimentos, o que causa uma ansiedade desnecessária nos pais. Em outros casos, sua dieta é tão limitada que pode levar a problemas nutricionais e sociais, além de gerar intensos conflitos familiares durante as refeições.

Crianças que mudam frequentemente suas preferências alimentares

Algumas crianças entre 1 e 3 anos de idade, e até algumas um pouco mais velhas, tornam-se seletivas para ganhar controle sobre os pais. Essas crianças podem ser reconhecidas pelo fato de mudarem suas preferências alimentares entre uma refeição e outra ou de um dia para o outro. Elas podem comer um determinado alimento em um dia e recusá-lo no dia seguinte. Esse comportamento aparece frequentemente em crianças cujos pais estão preocupados com a alimentação e crescimento dos filhos e que têm dificuldade em estabelecer limites. O estabelecimento apropriado de limites evita que esse comportamento alimentar seletivo evolua para uma luta de poder que só aumentará a seletividade da criança.

O caso de Laura: uma criança cujas preferências alimentares mudavam com frequência

Laura era a primeira filha de um casal na faixa de 40 anos com carreiras estabelecidas. A mãe havia sofrido um aborto natural e depois disso não conseguia engravidar. Laura foi concebida por meio de fertilização intrauterina, e o casal ficou muito feliz com o nascimento da filha, que pesava 2,890 kg. A menina cresceu de forma saudável, começou a andar e falar na idade apropriada, mas seu desenvolvimento na curva de crescimento sempre foi lento e ao redor do décimo percentil para altura e peso. A mãe era uma mulher pequena e desejava que a filha lhe superasse em altura. Ela tentava fazer com que Laura se alimentasse tanto quanto possível, pedindo-lhe que comesse mais uma colherada e novamente outra, mas a filha se recusava a fazê-lo. Então, ela providenciava outro alimento na esperança de que a menina comesse um pouco mais.

Laura era uma menininha muito perceptiva e, aos 2 anos de idade, descobriu que se recusasse uma comida a mãe lhe ofereceria outra e outra, a fim de que ela comesse um pouco mais. A garotinha gostou do jogo e em poucos meses transformou a mãe em uma "cozinheira de pratos rápidos". Quanto mais a mãe tentava, mais exigente Laura ficava. As refeições se tornavam cada vez mais conflituosas, com a criança comendo pouco e, então, pedindo algo para lanchar meia hora mais tarde.

Quando levou a filha ao pediatra, a mãe expressou sua preocupação com o fato de a menina ser muito seletiva e não se alimentar o suficiente durante as refeições, e querer lanchar algum tempo depois. O pediatra avaliou o crescimento de Laura, que continuava dentro do mesmo percentil que vinha mantendo anteriormente. Ele perguntou se a menina havia tido alguma experiência aversiva com algum alimento e a mãe não se lembrava de a filha cuspir ou engasgar ao comer algo. Afirmou que ela parecia gostar da maioria dos alimentos em um dia, mas que os recusava no dia seguinte.

O pediatra tranquilizou a mãe dizendo que Laura estava comendo a quantidade e a variedade adequadas de alimentos e incentivou-a a estabelecer limites para o comportamento exigente da filha. Sugeriu que a mãe oferecesse não mais do que três alimentos diferentes e que explicasse à filha que aquilo era tudo que teria naquela refeição. Sugeriu que ela adotasse o procedimento de pausa descrito no Capítulo 3, caso a menina protestasse e gritasse, para ajudá-la a se acalmar, voltar e aceitar que aqueles eram os alimentos que ela teria para aquela refeição. E por fim encorajou a mãe a estruturar as refeições usando as diretrizes alimentares descritas no Capítulo 2.

A mãe se esforçou para colocar em prática essas sugestões e percebeu que não conseguiria fazê-lo sozinha. Pediu ajuda ao pai, e juntos decidiram iniciar as mudanças durante um fim de semana em que ambos pudessem estar presentes. Antes de implementar as diretrizes alimentares e o procedimento de pausa, os pais explicaram à filha de que forma as refeições passariam a ser, que não lhe seriam oferecidos mais do que três tipos de alimento por refeição, que não haveria outros alimentos além dos que estivessem à mesa, nem lanchinhos para comer entre as refeições. Eles também repassaram o procedimento de pausa e discutiram sobre o que aconteceria se a menina não os escutasse.

Como esperado, Laura testou os pais e se negou a comer os alimentos servidos pela mãe. Contudo, meia hora depois pediu seu lanchinho preferido e foi informada de que precisaria esperar até a próxima refeição. A menina se jogou no chão, gritando de raiva, e teve de ser submetida à primeira pausa em seu quarto. Ela gritou por mais meia hora até conseguir se acalmar.

Quando finalmente se acalmou, a mãe entrou no quarto e a elogiou por ter conseguido fazer isso sozinha. Disse-lhe que agora teria que fazer uma pausa para pensar sobre o que havia feito, que se recusara a comer na hora da refeição e que depois gritara por não conseguir que lhe dessem algum lanchinho fora de hora. Ela explicou que Laura teria que esperar até a próxima refeição para comer novamente. Após deixá-la sozinha por alguns minutos, a mãe voltou para tirá-la do período de pausa. Voltaram juntas para a sala de estar, onde a filha conseguiu ficar brincando até o jantar. No momento da refeição, a menina olhou a comida à sua frente e comeu sem protestar. Os pais ficaram impressionados com a mudança repentina de Laura e ficaram aliviados com o fim das batalhas durante as refeições.

No entanto, depois de uma semana, Laura pareceu ter esquecido as novas regras e desafiou a mãe novamente, recusando-se a comer o que lhe fora servido na refeição e exigindo outra coisa. Dessa vez, somente a mãe estava em casa e a menina parecia sentir que, nessa condição, era mais difícil para ela resistir às suas exigências.

No entanto, lembrando-se do que acontecera antes, a mãe lhe disse que não iria preparar outra coisa e que ela passaria fome se não quisesse comer o que estava sobre a mesa.

Laura estava pronta para uma luta de poder e recusou-se a comer. A mãe permaneceu firme e não lhe ofereceu mais nada. Logo depois da refeição, a menina começou a ficar com fome e implorou por algo para comer, mas a mãe não cedeu e disse-lhe que teria de esperar até a próxima refeição. Laura se desfez em lágrimas, esperando convencê-la com isso. Quando percebeu que não estava funcionando, aumentou a intensidade e se jogou no chão. Nesse momento, a mãe levou-a para o quarto, submetendo-a ao procedimento de pausa. Depois que a garotinha se acalmou, ela a cumprimentou por ter conseguido fazer isso sozinha e disse-lhe para pensar no que fizera de errado durante a refeição, recusando a comida que tinha sido preparada para ela. Agora Laura estava faminta e tinha que esperar até a próxima refeição.

Essa foi uma experiência difícil para mãe e filha. Contudo, depois desse episódio, Laura passou a se opor menos em relação à comida e quando sua mãe lhe dizia, na hora da comer, que essa era toda a comida que lhe seria servida até a próxima refeição, ela parecia lembrar-se de que não queria ficar faminta. No que diz respeito às refeições, as lutas por poder haviam acabado.

Mas Laura era uma menininha obstinada. Ela desafiou seus pais de muitas outras maneiras; por exemplo, não querendo usar a roupa que a mãe escolhia para ela e não querendo dar a mão na hora de atravessar a rua. Os pais utilizaram o procedimento de pausa para ajudá-la a compreender quais eram os seus limites e para ensiná-la a se acalmar. Ela transformou-se em uma menina adorável, e mais tarde sua mãe me contou que, quando a filha tinha 9 anos de idade, ouviu-a dizer à irmã mais nova: "Às vezes, fico um pouquinho mais na pausa porque é muito difícil me acalmar."

Crianças que recusam sistematicamente determinados alimentos: aversões alimentares sensoriais (AAS)

Algumas crianças se recusam de forma sistemática a comer determinados alimentos, por causa do seu gosto, textura, temperatura, cheiro e/ou aparência. Todas as vezes que eles são oferecidos, elas os rejeitam. Não gostam do sabor ou da sensação do alimento em sua boca. Queixam-se de que é muito pastoso, muito empelotado, muito esfarelado, que está muito quente ou muito frio, ou que é simplesmente "eca".

Elas comem muito bem quando lhes são oferecidos alimentos de que gostam e, normalmente, não têm problemas de peso e crescimento. Algumas podem até mesmo ficar acima do peso por comerem lanchinhos altamente calóricos em abundância. Essas crianças frequentemente relutam em experimentar novos pratos e ficam muito angustiadas quando seus pais as forçam a comer alimentos que temem consumir. Enquanto algumas podem se recusar a ingerir apenas alguns itens específicos, outras rejeitam grupos inteiros, como legumes, verduras, frutas ou carnes. Consequentemente, suas dietas podem se tornar deficientes em micronutrientes, como vitaminas, ferro ou zinco, e elas podem ter problemas de saúde relacionados a essas deficiências.

Algumas crianças são tão sensíveis que se recusam a comer alimentos que se misturaram ou tocaram em outros que estavam em seus pratos, enquanto outras comem somente itens de determinadas marcas ou restaurantes. Podem querer comer, por exemplo, somente *nuggets* de frango do McDonald's ou biscoitos de água e sal de uma marca específica, recusando qualquer outra. A mãe de uma menina de 7 anos disse-me que a filha queria comer somente biscoitos de água e sal da marca Ritz. Ela estava convencida de que a menina estava apenas se fazendo de difícil para controlá-la. Quando encontrou uma marca muito parecida com a preferida, decidiu testar sua teoria. Colocou-as em um pacote de biscoitos Ritz e o entregou à filha. Depois da primeira mordida, a menina lhe disse: "Estes não são os biscoitos Ritz!"

Essas crianças têm uma habilidade extraordinária para perceber diferenças mínimas de sabor em vários tipos de alimentos que escapam à percepção da maioria das pessoas. Algumas delas recusam não apenas o contato entre alimentos, mas rejeitam usar a mesma colher ou garfo que já foram usados em outra comida. Crianças maiores disseram-me que o gosto ou a textura do alimento mudam quando a colher usada entra em contato com outro item e que elas não gostavam dessa mudança.

Algumas crianças mais novas que se recusam a comer toda uma categoria de alimentos, especialmente legumes crus mais duros, frutas ou carnes menos macias, ficam para trás em seu desenvolvimento motor-oral. Mudar a posição do alimento dentro da boca, da frente para o lado, mastigá-lo e movê-lo para trás para engoli-lo são funções que treinam diferentes músculos e preparam as crianças para usá-los na articulação de palavras. Quando evitam comer alimentos que precisam ser mastigados e aceitam somente aqueles macios, que se dissolvem em suas bocas, as crianças podem ter dificuldades de articulação de palavras e podem ficar atrasadas no desenvolvimento expressivo da fala, enquanto a capacidade receptiva progride normalmente.

Dificuldades sensoriais adicionais

Além de suas aversões alimentares sensoriais, muitas dessas crianças experimentam *hipersensibilidades* também em outras áreas. Com frequência há pais que me dizem que seus filhos não gostam que suas mãozinhas fiquem "lambuzadas" e querem que sejam limpas sempre que são tocadas por qualquer alimento. Existem também aquelas que evitam comer sozinhas e preferem que as mães as alimentem o que, acredito, seja por causa do medo que têm de ficar com restos de comida nas mãos ou ao redor da boca. Algumas também são muito sensíveis nas extremidades dos pés e não gostam de colocar sapatos ou protestam quando andam sobre grama ou areia.

Outras podem não gostar de ter seus cabelos lavados ou cortados, e podem opor-se a que seus dentes sejam escovados. Outras são sensíveis por todo o corpo e não toleram determinados tecidos sobre a pele ou o contato com as etiquetas das roupas. Também ficam muito chateadas quando alguma coisa cai em suas roupas e entra em contato com a pele. Algumas crianças têm dificuldades de passar dos *shorts* para as calças compridas ou dos sapatos abertos para os fechados quando a estação do ano muda. Algumas acham difícil suportar barulhos altos como o do aspirador de pó, ou quando outras pessoas cantam e batem palmas em uma festa de aniversário, quando passa um avião, ou quando um carro de bombeiro transita pela vizinhança com a sirene ligada. Outras se incomodam com luzes brilhantes e querem usar óculos de sol em ambientes muito iluminados ou quando saem para lugares externos.

Como isso normalmente começa

Essa dificuldade alimentar pode ficar aparente já nas primeiras semanas de vida. Jacobi et al. (2003) realizaram um estudo longitudinal de crianças do início à metade da infância. Eles relataram que essas crianças – descritas como "comedores seletivos" (*picky eaters*) tanto pelo relato dos pais como por testes clínicos – exibiam um padrão de sucção diferenciado na segunda e na quarta semanas de vida. Elas davam 100 sugadas a menos por mamada e 17% delas se recusavam a mamar uma gota sequer.

Algumas das mães dessas crianças que posteriormente foram diagnosticadas como portadoras de AAS por minha equipe disseram que, quando bebês, seus filhos não pegavam o peito. Elas tiveram que desistir da amamentação natural, trocando-a por mamadeiras com bicos de furos mais largos para que seus bebês conseguissem sugar o volume suficiente de leite. Com frequência, essas crianças são aquelas que mais tarde parecem ser particularmente sensíveis à textura dos alimentos, e me perguntei se a irregularidade dos mamilos maternos não seria um desafio especial para elas.

Outras mães de crianças com AAS disseram-me não conseguir trocar de uma fórmula infantil para outra quando seus filhos eram bebês. Eles choravam e se recusavam a ingerir a nova fórmula, voltando a se alimentar tão logo ela fosse trocada pela antiga. Contudo, outras crianças com AAS tiveram hábitos de amamentação absolutamente normais e o transtorno manifestou-se depois, mas ainda no início da infância.

Com maior frequência, crianças com AAS tornam-se sintomáticas entre os 6 e os 10 meses, quando uma variedade de alimentos infantis de diferentes sabores e texturas é introduzida em suas dietas. A maioria prefere gostos salgados e doces, e a inclusão de legumes mais amargos e papinhas de carne pode despertar reações aversivas em algumas delas. Entretanto, mais comumente, a apresentação de papinhas misturadas com pedaços de alimentos macios parece ser particularmente desafiadora para essas crianças. Elas podem reagir ao novo gosto ou textura do alimento fazendo caretas, cuspindo a comida, ou engulhando e vomitando.

Se os pais continuam a tentar fazer que os filhos comam alimentos que despertaram essas respostas aversivas, os resultados serão uma resistência cada vez maior à alimentação e a rejeição não somente a esses alimentos, mas a todos que tenham a mesma cor ou aparência. Eles podem ficar bastante apreensivos em relação às refeições, e quanto mais insistentemente os pais tentam alimentá-los, mais temerosos e resistentes eles ficam, e mais alimentos rejeitam.

Algumas crianças têm suas primeiras reações aversivas entre 1 e 3 anos de idade, quando lhes é apresentada uma variedade de alimentos consumidos pelos pais. Elas podem cuspir o novo alimento, engulhar ou até mesmo vomitar, e depois se recusarem a comê-lo daquele momento em diante. Se os pais não reconhecem que o filho está lutando com o medo de comer algo que o fez enjoar ou vomitar, e, consequentemente, rejeita aquilo, eles podem continuar as tentativas de fazê-lo comer por meio da adulação, barganha ou por força. Por conseguinte, a criança tende a se tornar mais e mais ansiosa durante as refeições, recusando-se a experimentar novos alimentos e ficando cada vez mais limitada no que diz respeito ao número de alimentos que aceita. A refeição se converte em uma luta de poder entre pais e filho.

O que acontece depois

Uma vez que as refeições tornam-se cada vez mais conflituosas, algumas crianças rejeitam categorias inteiras de alimentos, mais comumente legumes, verduras, frutas e carnes. Em casos extremos, recusam-se a comer o alimento preferido se ele tiver entrado em contato com outro que rejeita, se não estiver na temperatura certa, ou se não tiver sido preparado por uma empresa ou restaurante específicos. Geralmente preferem itens açucarados e biscoitos salgados, e algumas acabam ficando acima do peso por causa da preferência por alimentos hipercalóricos. Algumas ficam tão ansiosas perto do horário das refeições que sequer desejam ir à mesa. Reclamam do cheiro da comida que outras pessoas da família estão comendo ou fazem objeção à aparência do alimento ou ao modo como outros familiares comem. Certas crianças me disseram que colocavam um anteparo diante de si para não ver o que os outros familiares comiam. Elas também costumam fazer birra e recusam-se a comer se não lhes for servido o alimento de que gostam.

Isso exerce uma grande tensão sobre o resto da família e muitas vezes provoca conflitos entre os pais, avós e outros familiares. Alguns acham que a criança é simplesmente teimosa e mimada e que deveria comer o que o resto da família come ou passar fome, ao passo que outros apoiam a criança e preparam pratos especiais para ela.

A dieta limitada da criança passa a ser especialmente problemática quando a família quer sair para comer e não há nada no cardápio do restaurante que a agrade. Fica difícil ir comer na casa de amigos e viajar porque ela se recusa a comer o alimento oferecido no avião ou no hotel em que estão hospedados. Uma amiga me contou que, quando seu filho tinha 5 anos, ele se alimentava somente de aveia, três vezes ao dia. Ao viajar para a Índia para ver sua família, ela levou uma mala cheia de aveia porque sabia que não encontraria lá o mesmo tipo que o filho gostava e estava preocupada com o fato de que ele pudesse não comer nada durante toda a viagem.

Conforme crescem e chegam à idade entre 7 e 9 anos, as crianças, especialmente as meninas, tornam-se conscientes da sua incapacidade de comer novos alimentos e da variedade limitada de sua dieta. Algumas pedem a suas mães que digam às mães de seus amigos quais alimentos elas comem no caso de fazer uma visita ou de ter que pernoitar. Outras não comem na casa de outras pessoas ou evitam situações sociais que incluam refeições, tais como festas de aniversário, dormir na casa de amiguinhos ou acampamentos.

Quando se pergunta a elas por que recusam determinados alimentos, algumas crianças afirmam ter medo de que a comida não tenha um gosto bom ou de que engulhem ou vomitem. Quando solicitadas a dizer por que pensam dessa maneira, uma vez que nunca provaram aquele alimento, muitas respondem que não sabem explicar o porquê ou simplesmente dizem que isso ocorre por causa da aparência da comida.

Algumas dessas crianças dão pistas sobre como desenvolveram esses medos. Uma criança muito precoce de 7 anos me disse que tinha medo de comer qualquer comida amarela pois, quando era pequena, sua mãe tinha lhe dado uma abóbora que a fizera engulhar e vomitar. E explicou que quando olhava para uma comida de cor amarela sempre pensava que ela lhe faria vomitar novamente. Outra criança, de 11 anos, que expressara sua vontade de comer carne já que seus amiguinhos já estavam comendo, explicou-me que quando tinha 5 anos sua mãe deu-lhe frango e que esse alimento a fizera vomitar e ficar com a "cabeça confusa". Esse acontecimento a deixou tão assustada que mesmo após vários anos não conseguia comer frango ou qualquer outro tipo de carne.

No entanto, a maioria das crianças teve essas experiências aversivas precocemente em sua vida, quando bebês ou entre 1 e 3 anos de idade, e não desenvolveu habilidades cognitivas para fazer a associação entre essas experiências e o medo de comer. Contudo, elas parecem ter retido memórias sentimentais associadas aos alimentos que desencadearam essas reações. Aparentemente, as memórias são ativadas quando elas olham para determinados alimentos e isso as assusta.

Os adolescentes ficam muito incomodados quando sua dieta é tão limitada que não conseguem encontrar o que comer nos lugares frequentados por seus amigos. Eles se envergonham de comentar isso e ficam muito preocupados com encontros amorosos, porque sair para comer lhes parece algo muito ameaçador. Um pai me disse que, quando tinha 15 anos, era capaz de comer e beber somente alimentos brancos. Ele só consumia pão branco, cereais brancos e bebia leite puro. Via seus amigos saborearem cachorros-quentes e decidiu que queria superar o medo e aprender a comer esse tipo de sanduíche com eles. Depois de comprar um cachorro-quente, foi tomado pelo medo e, quando os outros não estavam olhando, tirou a salsicha do pão, fazendo-a desaparecer em seu guardanapo. Um dos amigos percebeu isso e disse: "O que aconteceu com o seu cachorro-quente?" Ele admitiu que tinha medo de comê-lo, e o companheiro lhe assegurou que o alimento era muito gostoso e o ajudou a comer o seu primeiro cachorro-quente. Para esse pai, aquele foi o início da sua capacidade de expandir a própria dieta e aprender a comer cada vez mais tipos de alimentos, o que evitara até então.

Contudo, nem todos os adolescentes podem contar com seus amigos para superar seu medo de experimentar novas comidas. Sempre recordarei de um menino adolescente com AAS que, com minha ajuda, começava a superar seu medo de novos alimentos. Ele estava se formando no ensino médio e se preparava para o baile de formatura quando compartilhou comigo seu medo de não saber o que pedir no restaurante francês em que ele e os amigos haviam feito reserva. Àquela altura, tudo que conseguia comer era batata frita e *nuggets* de frango do McDonald's, além de pizza da Domino's. Sugeri que ele fosse ao restaurante e analisasse as opções oferecidas no cardápio; ele voltou e o entregou a mim porque não conseguia sequer olhá-lo. Embora tivéssemos discutido algumas opções do que poderia pedir, quando voltou depois do baile de formatura, ele me contou que mal tocou a comida e que uma das meninas caçoou dele. Esse jovem me ensinou o quão profundo o medo de experimentar novos alimentos pode estar enraizado em portadores de AAS, e quão pouca compreensão e compaixão podem esperar de algumas pessoas.

Estudos que ajudam a entender as aversões alimentares sensoriais

Pesquisas em diversas áreas lançaram alguma luz sobre os vários fatores que parecem contribuir para o desenvolvimento das preferências alimentares e da rejeição a determinados alimentos. Esses fatores podem ser divididos em fatores genéticos e ambientais. Apresentarei alguns desses estudos e descreverei um modelo que desenvolvi para o melhor entendimento de crianças com AAS.

Fatores genéticos

As influências genéticas na percepção do sabor e da textura dos alimentos

Pesquisas com crianças em idade pré-escolar e escolar e em adultos têm relacionado a sensibilidade gustativa a substâncias amargas às preferências alimentares renitentes e ao número de papilas fungiformes presentes na língua (Bartoshuk et al., 2001; Essick et al., 2003). Essas papilas, pequenas saliências na língua, são chamadas fungiformes porque se parecem com cogumelos quando ampliadas, e contêm os botões gustativos. Dependendo de sua sensibilidade às substâncias amargas, os indivíduos são classificados como *superdegustadores*, *degustadores* e *não degustadores*. Crianças superdegustadoras e degustadoras mostraram menor preferência por vegetais crucíferos, como espinafre e brócolis crus, e por alimentos gordurosos, como queijo processado ou leite integral.

Os estudos feitos por Miller e Reedy (1990) e por Essick et al. (2003) revelaram que os superdegustadores têm um maior número dessas papilas que contêm os botões gustativos. Além disso, são mais perceptivos não apenas em relação ao gosto amargo, mas também duas vezes mais precisos na identificação de letras alfabéticas colocadas em suas línguas, em testes feitos em indivíduos vendados. Isso nos ajuda a entender por que pessoas muito sensíveis ao sabor de determinados alimentos também descrevem que ficam incomodadas pelo modo como sentem o alimento em sua boca.

A identificação dos genes que influenciam a sensibilidade gustativa já foi feita por vários grupos (Duffy e Bartushuk, 2000; Bartushuk et al., 2001). Além disso, estudos de gêmeos realizados por Wardle e outros pesquisadores (Wardle e Cooke, 2008; Breen, Plomin e Wardle, 2006) demonstraram que a percepção de proteínas, frutas, legumes e verduras é em parte hereditária.

Em resumo, os estudos citados sugerem que a sensibilidade ao gosto e à textura é parcialmente hereditária e está relacionada ao número de botões gustativos da língua. Isso também indica que os indivíduos muito sensíveis a substâncias amargas e à textura dos alimentos provavelmente possuem mais botões gustativos do que aqueles menos sensíveis.

A hereditariedade da neofobia alimentar

Crianças seletivas podem se recusar a comer alimentos comuns – o que frequentemente é considerado "chatice para comer" – e têm medo de experimentar novos alimentos, o que recebe o nome de *neofobia alimentar*. Para muitas delas, a relutância de provar comidas diferentes desaparece com a idade. No entanto, para algumas crianças, experimentar novos alimentos é um desafio muito maior do que para outras. Nelas, o medo dessa experiência pode ser muito forte, e muitas vezes é desconcertante para os pais quando seus filhos mostram-se irredutíveis e insistem que não irão comer determinado alimento, embora nunca o tenham experimentado.

Um estudo feito por Cooke et al. (2007), que examinou um grande grupo de gêmeos, entre 8 e 11 anos de idade, estimou que 78% dos casos de neofobia alimentar são hereditários e 22% podem ser explicados por fatores ambientais. Crianças pequenas com essa característica podem ser mais cautelosas em geral e ter um temperamento que vem sendo descrito como uma necessidade de evitar danos. Elas podem mostrar uma maior ansiedade de separação porque contam mais intensamente com os pais para se sentirem seguras.

Influências ambientais sobre as preferências alimentares

O papel da exposição nas preferências alimentares

Um crescente volume de estudos tem demonstrado que, mesmo antes do nascimento, experiências gustativas aumentam a aceitação de sabores. Mennella et al. (2001) demonstraram que a exposição a sabores no líquido amniótico e no leite materno aumenta a aceitação desses mesmos sabores durante a fase de desmame. Como apontado por outros pesquisadores (Galef e Henderson, 1972), bebês que são amamentados no peito se familiarizam, por meio do leite materno, com os diferentes sabores dos alimentos que suas mães comem e parecem passar a ter preferência por esses sabores.

Em relação ao período entre 1 e 3 anos de idade, o estudo de Birch e Marlin (1982) demonstrou que, quando se oferece a uma criança de 2 anos um variado número de oportunidades de experimentar novas frutas e queijos, suas preferências aumentam com a frequência das exposições. Em geral, leva de cinco a dez exposições a um novo alimento para que a nova opção alimentar possa se instalar. Também ficou evidente que, embora a experimentação (saborear e comer) aumente a aceitação, as oportunidades de sentir o cheiro e olhar não têm o mesmo efeito. No entanto, apesar de esses estudos comprovarem que a exposição a novos alimentos é muito importante para que as crianças apreciem as novidades, conseguir que elas façam a experimentação é outra questão, da qual tratarei mais adiante.

O papel das recompensas nas preferências alimentares

Muitos pais prometem recompensas de modo a conseguir que as crianças comam legumes e frutas. Contudo, como vários estudos demonstraram, recompensá-las por comerem determinados alimentos pode na verdade reduzir a chance de que os apreciem. Um estudo em particular feito por Birch et al. (1984) mostrou que, quando crianças em idade pré-escolar eram recompensadas ao tomar determinada bebida, havia uma mudança negativa de preferência em relação a ela, independentemente de a recompensa ser apenas um elogio verbal ou um ingresso para o cinema. Por outro lado, as crianças que receberam a mesma bebida sem nenhuma recompensa associada a sua exposição tiveram a preferência por ela levemente aumentada.

Um estudo mais recente, de Wardle et al (2003), comparou os efeitos da exposição e recompensa sobre a aceitação de legumes para crianças dos primeiros anos do ensino fundamental. Para aquelas que estavam no grupo de exposição foi oferecida a experimentação de pimentões vermelhos e dito que podiam comer tanto quanto quisessem. Para as do grupo de recompensa foi mostrada uma cartela de adesivos de personagens de desenhos animados e dito que poderiam escolher um deles, com a condição de que comessem ao menos um pedaço do pimentão. O grupo de exposição apresentou um leve aumento de preferência pelo legume quando comparado ao grupo de recompensa.

O que se pode aprender com esses estudos é que a *exposição neutra* é uma ferramenta efetiva para ajudar as crianças a experimentarem novos alimentos, ao passo que a recompensa pode limitar o efeito positivo da exposição e até mesmo diminuir o gosto pelo alimento.

O efeito da modelagem da alimentação dos pais e colegas sobre as preferências alimentares

Vários estudos demonstraram que as preferências alimentares das crianças podem ser ampliadas quando elas têm a oportunidade de observar os pais e colegas se alimentarem com uma diversidade de alimentos. Aquelas que estão na faixa etária entre 1 e 3 anos, em especial, costumam se interessar muito por aquilo que os pais comem e frequentemente pegam alimentos dos pratos deles que são ignorados quando colocados em seus próprios pratos.

Como o estudo feito por Birch (1980) demonstrou, o consumo de legumes inicialmente rejeitados pode ser aumentado quando as crianças que os rejeitam têm a oportunidade de observar seus colegas escolhendo e comendo esses alimentos. Birch (1999) notou que a efetividade dos modelos em induzir as crianças a comerem pode variar de acordo com a relação entre elas e o modelo. O exemplo de crianças maiores é mais efetivo que o de crianças mais novas, o das mães é mais efetivo que o de estranhos. Em minha experiência, o pai pode ser especialmente efetivo como modelo.

O efeito de experiências negativas durante e depois do ato de comer

É bem reconhecido que os seres humanos fazem associações entre o sabor dos alimentos e o gostar ou não gostar de uma comida com as consequências que se seguem à sua ingestão. Se são positivas, repetidas associações entre sinais sensoriais alimentares e boas experiências durante ou depois das refeições acabam por levar o indivíduo a gostar do alimento. Por outro lado, Schafe e Bernstein (1996) descreveram como experiências negativas de náusea e vômito levam ao desenvolvimento de aversões aos alimentos ingeridos. É bem sabido que uma vez que a aversão se estabelece, o alimento em questão será evitado, e uma única experiência aversiva pode fazer que o alimento seja evitado por muitos anos.

Isso é particularmente importante para entender a forte recusa de um determinado alimento por parte de crianças pequenas que passaram por uma experiência aversiva com esse alimento. Essas experiências aversivas podem variar do ato de cuspi-lo a ter ânsia de vômito e efetivamente vomitar. Uma vez que a criança passou por isso e começou a encarar esse alimento como algo aversivo, ela reluta em prová-lo novamente. Algumas podem generalizar a aversão para outros itens da mesma cor ou aparência e, consequentemente, recusar grupos inteiros de alimentos. Por exemplo, elas podem recusar-se a comer qualquer legume verde depois de passar pela experiência de engulhar com espinafre.

Um modelo para entender as aversões alimentares sensoriais

Parece que algumas crianças nascem com sensibilidades especiais em relação a gosto, textura, temperatura e/ou cheiro de determinados alimentos. A sensibilidade a diferentes texturas costuma se manifestar logo após o nascimento, quando os bebês podem, ao mesmo tempo, sentir dificuldade de pegar o peito e sugar mais lentamente; ou a sensibilidade ao gosto pode evidenciar-se quando eles se recusam a mudar de uma fórmula infantil para outra.

Alguns bebês apresentam os sintomas quando lhes são apresentados alimentos infantis de diferentes sabores, e manifestam sua sensibilidade fazendo caretas, cuspindo, engulhando ou vomitando. Outros, e crianças pequenas também, podem reagir fortemente à textura dos alimentos, sobretudo a de misturas, como, por exemplo, papinhas com pedaços de comida. Essa sensibilidade a sabor e textura está ligada à condição de superdegustador e da densidade aumentada de botões gustativos presentes na língua. Verificou-se que a condição é hereditária, e a densidade aumentada explicaria o motivo pelo qual essas sensibilidades frequentemente se manifestam no início da vida.

Depois que bebês e crianças pequenas tiveram uma experiência ruim com um alimento, eles com frequência se recusam a comê-lo novamente e, às vezes, ampliam a recusa para outros da mesma cor ou de aparência similar. Isso pode ser explicado como uma *aversão aprendida secundária a uma experiência ruim* durante ou depois do ato de alimentar-se, a qual é fortemente lembrada por um longo período. Se os pais continuam a alimentar os seus filhos com esses itens aversivos, a resistência por parte deles a esses alimentos só aumenta.

Os estudos também demonstram que algumas crianças têm maior propensão a se tornarem temerosas na experimentação de novos alimentos quando possuem um temperamento de modo geral mais cauteloso e com tendência a evitar danos, o que também parece ser em grande parte hereditário (neofobia alimentar).

Considerando todas essas descobertas, segue-se que algumas crianças nascem com mais dificuldade para lidar com uma variedade de gostos, texturas e cheiros de alimentos e apresentam um desafio especial para seus pais. Felizmente, essas vulnerabilidades genéticas podem ser moderadas pelo ambiente. Exposições frequentes a pequenas quantidades de comida, sem pressão ou elogios excessivos, podem ajudá-las a aceitar alimentos que de outro modo tentariam evitar. A modelagem da alimentação oferecida pelos pais, irmãos e colegas pode ajudá-las a superar seu medo de experimentar novos alimentos.

Como os pais podem traduzir esse modelo para entender os filhos que são seletivos

Em primeiro lugar, os pais precisam trazer à tona a possível motivação subjacente para a seletividade alimentar do filho. Precisam observar se ele recusa sistematicamente determinados alimentos ou se os aceita em um dia e os recusa no outro. Quando crianças pequenas percebem que seus pais as adulam ou pressionam para que comam certas coisas, elas desejam exercer o controle e fazem exatamente o contrário daquilo que os adultos querem que façam. Elas manipulam a situação recusando-se a comer algo, mesmo se gostaram daquilo no dia anterior. No entanto, crianças com AAS que experimentaram um alimento que consideraram aversivo, cuspiram-no ou engulharam e vomitaram, rejeitarão esse alimento de forma sistemática e farão o mesmo com outros alimentos que lhes pareçam similares.

As pesquisas revelaram que a percepção de gosto e textura dos alimentos é em parte hereditária, e que os superdegustadores têm uma densidade mais alta de botões gustativos na língua. Surpreendentemente, mesmo os pais que eram chamados de "comedores seletivos" quando crianças esquecem que foram muito sensíveis ao gosto ou textura de certos alimentos e não conseguem estabelecer uma relação dessa experiência com a mesma sensibilidade de seus filhos. Entretanto, às vezes nenhum dos pais teve problemas alimentares, mas algum de seus irmãos, avós, tios ou tias possivelmente foi um "comedor seletivo" durante a infância. Para os pais é útil saber se esse problema faz parte da história familiar, para que possam assim ter uma maior compreensão de que algumas crianças nascem com uma sensibilidade a determinados alimentos que pode levar a reações aversivas, e que essa característica pode manifestar-se muito cedo na vida.

Os pais também precisam entender que o medo de comer determinados alimentos pode fazer parte da história familiar. Indivíduos que têm essa característica, chamada de neofobia, podem levar mais tempo para se tornarem mais receptivos em novas situações e entre pessoas desconhecidas, e essa cautela generalizada e o medo do desconhecido podem expressar-se no seu comportamento diante de novos alimentos. Se a sensibilidade ao gosto e à textura de certos alimentos se unir à neofobia, as crianças podem achar extremamente difícil superar seu medo de comer, não apenas os alimentos que lhes provocaram reações aversivas, mas também outros que lhes pareçam similares.

Contudo, sensibilidade ao gosto e à textura de certos alimentos e medo de experimentar novidades são apenas uma parte daquilo que cria os problemas alimentares em crianças na primeira infância. A maneira como os pais lidam com o filho ao enfrentar essas dificuldades pode fazer uma grande diferença no curso da AAS, como mostrado nos casos apresentados mais adiante neste capítulo.

Como os pais podem ajudar os filhos que têm aversão alimentar sensorial

O primeiro ano de vida

As mães podem ajudar seus filhos desde o início comendo uma variedade de alimentos saudáveis durante a gravidez e expondo-os a vários sabores por meio da amamentação natural. Bebês são mais propensos a aceitar o sabor de um novo alimento quando já tiveram essa experiência gustativa por meio do leite materno.

No momento em que introduzem os alimentos sólidos na dieta do bebê – o que deve ocorrer por volta dos 6 meses –, os pais precisam fazê-lo sem pressa, principalmente se ele faz careta quando prova o alimento pela primeira vez. É melhor interromper a tentativa depois da careta e seguir com uma comida já aprovada. No outro dia, a mãe pode tentar o novo alimento mais uma vez e repetir a mesma coisa até que o bebê passe a tolerar o alimento sem fazer careta. Pode levar de cinco a dez exposições até que o bebê ou a criança pequena passe a gostar do novo alimento. No entanto, se ele cuspir, ou engulhar e vomitar, os pais devem permanecer neutros diante do fato, mas não devem oferecer aquela papinha novamente. A insistência pode apenas intensificar a rejeição ao alimento e fazer que se estenda igualmente para outros.

Quando têm cerca de 9 meses de idade, os bebês frequentemente começam a experimentar as papinhas com pedaços de alimentos macios. Aqueles que são mais sensíveis à maneira como percebem a textura em sua boca frequentemente têm reações fortes a essas misturas. Eles podem engulhar e vomitar na primeira exposição e consequentemente recusar todo o alimento. Quando a criança apresenta rejeição a texturas combinadas, recomendo pular essa fase e ir diretamente da papinha para os alimentos macios que ela pode pegar com as mãos.

Por volta dos 9 meses, os bebês desenvolvem a preensão em pinça, o que significa que já conseguem segurar coisas pequenas usando apenas o polegar e o indicador em vez de agarrá-las com a mão inteira. Essa é uma boa hora para colocá-los no cadeirão e deixá-los ocupados com pequenos pedaços de alimentos macios que podem ser pegos com as mãos. Quando estão entretidos com a alimentação independente, eles ficam menos atentos ao gosto e a como sentem o alimento na boca, e ficam mais propensos a apreciar a comida.

Essa também é a idade em que o exemplo dos adultos torna-se cada vez mais importante. Os pais podem comer um pouco dos mesmos alimentos servidos para o bebê e mostrar a ele como mastigar e apreciar a comida. Novamente, se ele engulhar ou vomitar ao experimentá-lo pela primeira vez, os pais devem tentar ficar neutros, mas registrar mentalmente o ocorrido e não oferecer o mesmo item de novo.

Essa também é a idade em que os bebês podem ganhar sua própria colher e ter à disposição algumas das papinhas em um prato fixado à mesa (pratos com ventosas, por exemplo) para que tentem se alimentar sozinhos. Encorajar a alimentação totalmente independente e deixar que as mãozinhas fiquem lambuzadas, sem limpá-las a todo momento, é muito útil para mantê-los ocupados e para que não fiquem demasiadamente atentos ao sabor da comida. Além disso, eles aprendem a tolerar a sensação de umidade nas mãos. Quando envolvidos no processo de alimentação, os bebês ficam menos propensos a notar pequenas diferenças no gosto ou na textura do alimento, e superam a sensação desconfortável de comida úmida em suas mãos ou ao redor da boca.

O período entre 1 e 3 anos de idade

Novos desafios surgem quando as crianças começam a experimentar a mesma variedade de alimentos que seus pais normalmente comem. Como mencionei antes, durante essa etapa do desenvolvimento, elas querem assumir o controle da situação e são inclinadas a fazer exatamente o contrário daquilo que os pais querem que façam. Com frequência, sua palavra favorita é "não" e quando lhes é oferecido um alimento, tendem a rejeitá-lo. Essa é a idade em que as refeições facilmente se transformam em batalhas e na qual as dificuldades de alimentação costumam se intensificar. Existem coisas importantes que os pais podem fazer para atravessar essa difícil fase do desenvolvimento de uma criança com AAS. Se, ao primeiro contato com um novo alimento, a criança tiver uma reação aversiva – como cuspir, engulhar ou vomitar –, ele não deve ser oferecido novamente.

Os pais devem oferecer apenas alimentos que a criança já seja capaz de comer sem dificuldade. No entanto, é necessário que ela se alimente junto com os pais, que devem servir de modelo ingerindo sua variedade de alimentos habitual. A criança precisa ter seu prato e talheres próprios e receber apenas alimentos que já comeu sem dificuldade no passado. Se ela rejeitar qualquer um dos itens da refeição dos pais, eles não devem falar sobre isso nem oferecê-los novamente. Não existe nada mais desafiador para uma criança dessa idade do que ver seus pais e irmãos apreciarem uma comida que não lhe é oferecida.

Quando ela pedir um pouco da comida dos pais, eles não devem pular de alegria, mas dizer "essa é a comida da mamãe (ou do papai), mas você pode experimentar um pouquinho". Depois de servida, ela pode provar o alimento, ver se gosta e se quer um pouco mais. É importante que os adultos se mantenham imparciais e não se alegrem demasiadamente se a criança pedir mais, nem fiquem desapontados se ela cuspir a comida. Em minha experiência, se os pais permanecem imparciais nessas situações, as crianças ficam mais abertas para experimentar novas comidas e para expandir a variedade de alimentos que estão dispostas a comer.

Modelar a alimentação por meio do exemplo dos pais e deixar as crianças tomarem a iniciativa de experimentar novos alimentos é muito útil nesse período de 1 a 3 anos de idade. Isso evita o conflito e permite que elas se acostumem com itens que não tenham se revelado saborosos ou provocado boas sensações em um primeiro momento, dentro de um ritmo que lhes seja adequado. Isso também as mantém à mesa e as ajuda a aprender a tolerar a visão de um prato de que não gostam e o aroma de uma comida que evitam desde o tempo em que adquiriram o hábito de comer sozinhas em uma pequena mesa.

Durante essa fase do desenvolvimento, os pais precisam introduzir as normas de alimentação que descrevi detalhadamente no Capítulo 2. Quando as crianças apresentam dificuldades alimentares, eles ficam tão preocupados que gastam tempo demais tentando alimentá-las. Com frequência isso acontece separadamente do restante da família, e a refeição se torna um trabalho cansativo. Os pais chegam ao ponto de não comerem até que a criança esteja na cama, o que estabelece um padrão de baixa qualidade para ela e para eles próprios. Não posso deixar de enfatizar o quanto é importante, durante esses primeiros anos, estabelecer um padrão regular de alimentação e fazer refeições em família.

O período pré-escolar

Por volta dos 4 anos, é possível que as crianças já estejam fazendo suas próprias escolhas acerca do que comer. Algumas seguem os exemplos de seus amiguinhos da pré-escola, mas outras ficam ansiosas quando professores ou cuidadores lhes oferecem uma comida que ainda não experimentaram. Um menininho que avaliei chorava amargamente após chegar da pré-escola e se recusava a voltar no dia seguinte. Quando os pais conseguiram que se acalmasse, descobriram que a professora tinha lhe pedido para comer algo que fora oferecido para todas as crianças, e ele tinha ficado assustado demais para tentar. O garoto estava tão amedrontado com a possibilidade de ser obrigado a comer um alimento que não queria que se recusava a voltar à escola.

Dependendo da situação, é bom que os pais alertem os cuidadores sobre as questões alimentares especiais do filho e mandem a comida de casa para que ele não fique com fome quando não for capaz de comer os alimentos oferecidos pela escola. Também é importante que os cuidadores exponham a criança a novos alimentos, mas de forma neutra e sem pressioná-la a comer. Quando estão tensas e ansiosas, elas não comem – nem mesmo as comidas de que gostam.

Em casa, os pais precisam preservar as refeições em família e a construção de um modelo comendo uma boa variedade de alimentos. Nessa idade, eles também podem expor as crianças ao cheiro e à preparação de vários pratos, deixando-as observar e participar do momento de cozinhar e de colocar a mesa. Uma apresentação atraente da comida no prato também pode ajudar a tornar a refeição mais apetitosa.

Dependendo do temperamento, algumas crianças reagem bem à colocação de um novo alimento em seu prato sem nenhum comentário ou pedido de que experimentem. Nas primeiras vezes, ela pode até mesmo nem tocar o alimento servido, mas acaba sentindo-se tentada a experimentá-lo. Vale a pena repetir que, em caso de sucesso, é melhor não sobrecarregá-la com elogios, mas simplesmente comentar com um tom de voz positivo: "Você provou e isso foi muito bom."

Os pais também devem estar preparados para o caso de a criança ter uma reação aversiva à nova comida, e devem permitir que ela cuspa o alimento rejeitado em um guardanapo. É muito importante que eles mantenham uma atitude neutra e sejam solidários caso ela engulhe ou vomite em reação à tentativa de comer o novo alimento. Eles podem comentar, por exemplo: "Parece que essa comida não é para você", e partir para os alimentos que ela consegue comer sem dificuldade. Essa é uma maneira de minimizar o impacto da reação aversiva da criança.

Contudo, se a criança protestar diante da colocação de um novo alimento em seu prato, essa técnica não deve ser utilizada. Isso só trará conflito à refeição e irá piorar a situação. Em vez disso, os pais têm que continuar a oferecer apenas alimentos que ela aceita sem protestos e esperar até que esteja preparada para uma novidade. Isso pode demandar a preparação de pratos especiais para a criança enquanto a família faz a refeição regular.

É possível que isso cause um conflito familiar se alguém começar a reclamar que a criança está sendo mimada. No entanto, ninguém pensaria em reclamar no caso de a criança ser alérgica a determinados alimentos e que, por isso, estivesse recebendo uma dieta diferenciada. Ter uma reação aversiva a certos alimentos não é muito diferente de ter uma alergia alimentar e não deve ser confundido com o comportamento seletivo daquela criança que muda suas preferências alimentares para controlar os pais.

O período escolar

Quando têm cerca de 7 anos ou mais, as crianças se tornam muito conscientes de suas dificuldades em ingerir certos alimentos e começam a experimentar limitações sociais. Alguns lidam com isso por meio da evitação: não vão a festas de aniversário nem dormir na casa de amiguinhos e se recusam a participar de acampamentos. As mais desenvoltas socialmente dizem às mães de seus amigos que elas não comem certos alimentos, ou pedem que suas próprias mães façam isso por elas. Um menino disse aos seus amigos que tinha alergia e não podia comer certos alimentos, o que não está tão longe da verdade.

Em geral, nessa idade as crianças estão mais motivadas a aprender a comer novos alimentos, mas lutam contra seu medo do que vai acontecer quando os colocarem na boca. Algumas dizem imaginar que a comida vai ter um gosto tão ruim que terão que cuspi-las ou que vão engulhar ou engasgar com ela. Algumas ainda se lembram de um episódio ruim do passado quando enjoaram ou vomitaram, mas muitos não compreendem os próprios medos porque eram muito pequenos quando experimentaram essas reações aversivas a certos alimentos.

Quando pergunto a crianças em idade escolar se os aborrece não serem capazes de comer as mesmas coisas que seus familiares e amigos comem, elas frequentemente ficam diaceradas. E compartilham comigo a tensão e a raiva que sentem quando seus pais insistem que comam determinados alimentos, e acabam sendo incapazes de comer qualquer coisa, até mesmo aquelas de que gostam. Experiências clínicas com crianças dessa idade me ajudaram a desenvolver a abordagem que descrevo a seguir e que pode ajudá-las em seus problemas de alimentação.

Em primeiro lugar, explico aos pais e aos filhos que aprendi, a partir da literatura científica, que algumas pessoas são *superdegustadoras*, ou seja, elas têm mais botões gustativos em suas línguas e, consequentemente, experimentam os sabores e as texturas de certos alimentos de forma mais intensa. Essa experiência costuma ser tão intensa que não pode ser suportada sem que se cuspa o alimento.

Em segundo lugar, discuto a *história familiar* com os pais e os filhos, e falamos de como a mamãe, o papai ou o vovô não comiam certos alimentos quando eram mais jovens, e de como aprenderam a gostar deles quando ficaram mais velhos. Descobri que as crianças ficam profundamente aliviadas ao saber que existe uma razão para que tenham tanta dificuldade com certos alimentos, e que isso não acontece porque são "más" ou "mimadas". Também mostro a elas que ter tanta sensibilidade ao gosto pode se tornar uma vantagem quando se tornarem mais velhas, pois, mais tarde, podem vir a ser degustadores de vinho ou de chocolate.

Em terceiro lugar, abordo seus *medos de experimentar novos alimentos*, e digo-lhes que existe a possibilidade de descobrirem que alguns deles podem na verdade se revelar saborosos, não deixando de levar em consideração que outros podem realmente ter um gosto ruim ou provocar uma sensação desagradável ao serem provados e que, sendo assim, podem ser cuspidos. E digo-lhes que se isso acontecer, se o gosto de um alimento for realmente ruim e a sensação desagradável a ponto de ser necessário cuspi-lo, então nesses casos elas podem desistir de comê-lo e devem seguir adiante experimentando outros alimentos. Eu também lhes explico que alguns alimentos podem não ser saborosos em um primeiro momento, mas que é possível que seus paladares supersensíveis se acostumem ao gosto gradativamente, e que depois de cinco a dez tentativas, elas sejam capazes de experimentar um pouco mais a cada vez.

Em quarto lugar, deixo claro para elas que fazer algo que nos amedronta exige *coragem*. Então, elas podem ganhar *pontos de coragem* a cada tentativa de experimentar uma nova comida. Quando atingirem 10 pontos de coragem, ganham uma pequena recompensa, e ao alcançarem 50 pontos, recebem uma recompensa ainda maior. A maioria das crianças passa a comer o novo alimento sem dificuldade, uma vez atingidos os 50 pontos. Entretanto, lembro-me de um menino que estava tentando incorporar *nuggets* de frango em sua alimentação e que me disse que precisava de mais coragem para comê-los, e que chegou a somar 100 pontos até que se sentisse confortável com esse alimento.

Finalmente, *em quinto lugar*, deixo a criança fazer, com a ajuda dos pais, uma *lista de alimentos que gostaria de aprender a comer*. Atribuímos números de 1 a 10 para cada alimento dependendo de quão assustador ele lhe parece: o número 1 significa pouco assustador, e o 10 muito assustador. Então, começamos com os alimentos com os números menores, e gradualmente alcançamos os mais altos, uma comida de cada vez. Eu recomendo que a criança pratique comendo um pedaço ou mais de cada um por dia, antes da refeição, com um dos pais como treinador, preparando o alimento e ajudando a criança a comer em seu próprio ritmo.

Muitas conseguem comer apenas um pedaço no início, mas às vezes se veem diante de um alimento cujo sabor lhes agradou, e então comem mais desde o primeiro momento. Às vezes, os novos alimentos podem se mostrar completamente aversivos, fazendo as crianças engulharem. Eu ainda me recordo de uma menininha que queria muito comer maçãs, mas engulhava a cada tentativa durante os oito primeiros dias; porém ela não desistiu – precisou atingir 50 pontos de coragem para finalmente decidir que as maçãs não mereciam sua bravura e que não iria comer a fruta de novo.

Em resumo, crianças em idade escolar frequentemente estão abertas para a ampliação de suas dietas, e com alguma orientação na exposição gradual a novos alimentos e com o auxílio de sua coragem, elas podem superar seus medos e expandir a variedade de alimentos que podem comer.

* * *

Por fim, vou apresentar alguns casos para ilustrar os diferentes graus de dificuldades sensoriais em crianças de várias idades.

O caso de Ella: uma criança que superou sua seletividade

Ella era uma criança adorável e brilhante que atingiu precocemente todos os marcos do desenvolvimento infantil. Contudo, era cautelosa, chorava facilmente quando via estranhos e agarrava-se à mãe. Quando lhe apresentaram papinhas de bebê, ela comeu as doces sem dificuldade, mas fazia caretas, virava o rosto e recusava outra colherada de papinhas de legumes. A mãe era paciente, parava de alimentá-la diante das caretas, mas tentava reintroduzir a papinha de legumes no dia seguinte, com o mesmo resultado. Isso continuou por vários dias e foram necessárias cerca de dez tentativas, cada uma delas com uma pequena quantidade de papinha, até que Ella cedesse e sua mãe pudesse lhe dar a segunda colherada sem que fizesse cara feia. Isso aconteceu com cada papinha de legumes, exceto com a de batata-doce.

Quando começou a experimentar papinhas com pequenos pedaços macios de legumes ou de carne, ela cuspia e não aceitava outra colherada. A mãe recordou que a filha não gostava de legumes e passou a alimentá-la com pedaços de outros alimentos macios que ela podia pegar e comer alegremente. Por meio de tentativa e erro, tornou-se evidente que a menina não gostava de vegetais verdes e recusava a maioria das carnes, exceto certos pedaços macios de frango e *nuggets*. A mãe aceitou suas preferências e oferecia-lhe os alimentos que a menina comia sem resistência.

Elas realizavam suas refeições juntas, e à noite o pai lhes fazia companhia, participando do jantar. A mãe dava à filha pequenas quantidades dos alimentos de que ela gostava e colocava no prato da menina um pequeno pedaço de brócolis ou de espinafre que o casal estava comendo, sem exigir que ela comesse. Muitas vezes, a menina simplesmente ignorava os vegetais, mas depois de um tempo passou a experimentá-los, e começou a comer um pouquinho de espinafre ou brócolis. A mãe dizia que era bom que ela provasse, e que se quisesse mais ela poderia pedir. No início, Ella não queria saber de espinafre ou de brócolis, mas gradualmente parecia não se incomodar em comê-los.

Esse foi um processo bastante lento, mas em nenhum momento houve qualquer conflito entre Ella e seus pais em relação às suas preferências alimentares. Quando entrou na escola e começou a ver seus amiguinhos comerem diferentes tipos de comida aos quais não estava acostumada em casa, observou-os atentamente, mas não quis experimentar nada. Como era uma criança cautelosa, que demorava a se sentir à vontade na presença de estranhos e diante de novas situações, foi necessário que chegasse ao segundo ano até que começasse a provar as novidades que via na escola. Para surpresa dos pais, Ella pediu para experimentar comidas que tinha visto seus amiguinhos comerem. Aos 9 anos, a garota comia uma grande variedade de alimentos, incluindo vegetais verdes e vários pratos com frango.

O caso de John: uma criança em idade pré-escolar com aversão alimentar sensorial grave e outras hipersensibilidades

John tinha 2 anos e 4 meses quando seus pais o trouxeram para uma avaliação porque estavam preocupados com o fato de o filho comer apenas poucos tipos de alimentos e se recusar a experimentar qualquer comida diferente. Os únicos itens que aceitava eram certas marcas de biscoitos de água e sal, cereais matinais, panquecas, algumas massas, alguns tipos de queijo e só tomava leite integral. Ele recusava todas as papinhas, legumes, frutas e carnes. Se seus pais lhe pediam para experimentar um alimento que estivesse fora do seu limitado cardápio ou uma marca de biscoito salgado diferente, ele chorava e se recusava a comer qualquer coisa.

John nasceu depois de uma gestação normal sem complicações, pesando 3,910 kg. Contudo, ele não mamou bem e perdeu peso durante as duas primeiras semanas depois do nascimento. A mãe lembrou que ele não pegava o peito corretamente. Com tristeza, ela desistiu da amamentação e passou para a mamadeira quando ele tinha apenas três semanas de vida. Com as mamadeiras, a alimentação foi um pouco melhor, mas o menino precisava de muito tempo para se alimentar e apenas gradativamente aprendeu a sugar de forma mais efetiva.

Quando lhe serviram papinhas, aos 6 meses de idade, ele aceitou as doces, mas cuspiu as de legumes e carnes, e não as aceitava quando eram oferecidas novamente. O problema mais sério começou quando John tinha cerca de 9 meses, com a introdução de papinhas misturadas com pedaços de alimentos. Ele engulhou e vomitou no primeiro contato com esses alimentos e se recusou a comer qualquer comida infantil, inclusive as papinhas doces que vinha comendo alegremente até aquele momento. Ele aceitava apenas alimentos que podia pegar com as mãos e comer sozinho.

Durante o segundo ano de vida, o menino ficou mais resistente a experimentar novos alimentos. Ele chorava se os pais colocassem sobre seu prato qualquer item de que não gostasse. Também se recusava a tocar qualquer comida úmida e queria que suas mãos fossem imediatamente limpas se ficassem lambuzadas. Ele não gostava que seu cabelo fosse lavado e gritava toda vez que tinha que cortá-lo. Na primeira vez que foi ao litoral com a família, ele não queria andar sobre a areia, mas, ao fim das férias, parecia gostar de brincar na praia. Demorou a aprender a falar e, às vezes, ainda era difícil entendê-lo, embora parecesse ter uma boa compreensão da linguagem. Era uma criança cautelosa, mas gostava de brincar com a irmã e com outras crianças pequenas uma vez que se familiarizasse com elas.

A história familiar revelou que o pai de John tinha sido um "comedor seletivo" quando jovem, e que não comia nenhum legume nem frutas, exceto maçãs, até ir para a faculdade. Depois de adulto, ainda não gostava de muitos legumes. A mãe de John comia bem quando criança, mas lembrava que uma de suas irmãs tinha sido muito seletiva e frequentemente tinha que ficar à mesa porque não queria sua comida. John era o segundo filho da família e sua irmã mais velha não tinha problemas para se alimentar.

Contudo, os pais reclamavam que as refeições eram tristes para todos por causa do choro de John, de sua recusa em comer o mesmo que o restante dos familiares, e de suas reclamações a respeito do cheiro dos alimentos servidos aos outros. Para evitar todo esse conflito durante as refeições, a mãe resolveu lançar mão do recurso de alimentá-lo separadamente, mas seus sogros acusaram-na de mimá-lo e advertiram-na de que isso poderia afetar seu crescimento e desenvolvimento.

O resultado do exame físico de John era normal e quaisquer problemas fisiológicos e alergias alimentares foram descartados. Seu crescimento também era normal, a altura e a circunferência da cabeça estavam no percentil 50, e o peso entre os percentis 25 e 50. A análise nutricional de sua alimentação revelou que a ingestão calórica estava adequada para sua faixa etária. No entanto, *sua dieta restrita era deficiente em vitaminas, ferro e zinco.*

Seu desenvolvimento motor e cognitivo estava apropriado para a idade, ao passo que o desenvolvimento motor fino, a utilização das mãos e dos dedos, estava atrasado. Isso poderia ser explicado pelo fato de o menino evitar o toque em qualquer coisa úmida ou pegajosa. Além disso, o desenvolvimento motor-oral, o modo como movimentava a língua durante a alimentação e quando pronunciava as palavras, também estava atrasado, o que observamos com frequência em crianças que têm uma dieta limitada e que evitam comer alimentos que exigem mais da mastigação, como legumes crus, frutas e carnes.

A observação de John mostrou que suas interações com os pais eram apropriadas para a sua idade. Contudo, parecia muito ansioso quando se sentava para as refeições. Ele comia seus alimentos preferidos, mas gritava e pulava fora da cadeira quando os pais tentavam persuadi-lo a comer alguns dos alimentos que eles estavam comendo.

Em resumo, nossa avaliação revelou várias questões em relação às dificuldades alimentares de John:

- Ele recusava sistematicamente muitos alimentos e tinha uma dieta muito limitada, que era deficiente em vitaminas, ferro e zinco.
- Ele tinha medo de experimentar novos alimentos e ficava muito agitado quando uma comida diferente era colocada em seu prato.

- Seus problemas alimentares tinham interferido no seu desenvolvimento da fala e era difícil entendê-la bem, embora sua linguagem receptiva fosse muito boa.
- Por fim, ele causava tanta confusão à mesa durante as refeições que seus pais o alimentavam separadamente, e, assim, não havia refeições em família.

A *intervenção* começou com um nutricionista que recomendou uma vitamina na forma líquida que os pais podiam colocar no leite. Essa vitamina era enriquecida com ferro e zinco para suplementar a limitada dieta do menino. Em seguida, a família recebeu a indicação de um fonoaudiólogo para ajudá-lo com a pronúncia das palavras.

A intervenção comportamental tratou de seu medo em relação aos alimentos que não faziam parte de sua limitada dieta e de sua sensibilidade aos cheiros dos alimentos que os pais comiam. Eles foram instruídos a oferecer a John apenas itens que ele tinha aceitado anteriormente sem protesto. Uma vez que sua dieta era muito limitada, sugerimos que tentassem fazer um rodízio de comidas, a cada refeição, para que o menino não se cansasse de comer determinados alimentos e restringisse ainda mais sua dieta.

Os pais foram então instruídos a implementar as diretrizes alimentares (Capítulo 2), para estabelecer as refeições regulares e o procedimento de pausa (Capítulo 3) caso John causasse confusão. Reforçamos a importância de levá-lo de volta à mesa e de que os intervalos regulares entre as refeições em família fosse de três a quatro horas, incluindo um lanche à mesa, à tarde (importante para que John estivesse com fome durante as refeições). Sugerimos que, no início, os pais não comessem alimentos com cheiro muito forte, como brócolis ou peixe, que haviam incomodado o filho de forma intensa anteriormente. Recomendamos que o expusessem a esses odores gradativamente, de modo que ele aprendesse a conviver com eles.

Reforçamos a importância da modelagem alimentar feita pelos pais e pela irmã mais velha, com grande variedade de alimentos, e previmos que em algum ponto no futuro John iria se sentir tentado a experimentar alguns dos alimentos que eles estavam comendo. Quando esse momento chegasse e o menino pedisse algo que a família estivesse comendo, sugerimos que a resposta fosse: "Essa é a comida da mamãe (ou do papai), mas você pode experimentar um pouquinho." Dissemos para os pais não ficarem muito felizes caso ele gostasse, nem muito desapontados caso cuspisse o alimento fora. Salientamos que deveriam permanecer neutros em sua resposta emocional, mas que fossem acolhedores e encorajadores se o menino pedisse um pouco mais.

Depois de um mês, os pais vieram para uma sessão de acompanhamento e disseram que tinha sido difícil retomar as refeições em família. O pai teve que fazer alguns ajustes em sua agenda para que pudesse estar em casa para o jantar em família, às 19h, e a mãe achou difícil fazer as refeições com os filhos durante o dia. John inicialmente resistiu a sentar-se com a família e foi submetido ao primeiro procedimento de pausa quando quis se levantar da mesa porque a irmã estava comendo espinafre e ele não queria olhar para o alimento.

Os pais lhe explicaram que ele não precisava comer nenhum dos alimentos que eles estavam comendo, mas que tinha que permanecer sentado junto com a família durante a refeição. Quando o menino começou a chorar, levaram-no para outro cômodo, para que fizesse sua pausa, e ele chorou amargamente por 20 minutos até que conseguisse se acalmar. O pai o elogiou por ele ter se acalmado sozinho e levou-o de volta para a mesa, ao redor da qual se sentaram e comeram por cerca de 5 minutos, de modo que John percebesse que tinha que ficar sentado junto com a família. Depois dessa experiência, o menino não tentou se levantar outra vez durante as refeições. Ele comia seus alimentos e as refeições eram calmas, sem os gritos e conflitos do passado. No entanto, John não tinha mostrado nenhum interesse em experimentar qualquer um dos pratos que seus pais e sua irmã estavam comendo.

Na próxima sessão de acompanhamento, dois meses mais tarde, John tinha feito um belo progresso em sua terapia da fala e parecia feliz e cheio de energia. Os pais contaram que ele os surpreendera um mês antes ao pedir um pedaço de pêssego que a irmã e a mãe estavam comendo durante o almoço. A mãe lembrou-se de não ficar entusiasmada e deu-lhe apenas um pequeno pedaço, que ele pareceu apreciar, pois até pediu outro. John demonstrou ficar satisfeito com sua nova aventura. Dias depois, quando havia pêssegos novamente, ele não pediu um pedaço e a mãe não fez nenhum comentário. Contudo, quando estavam comendo uvas, ele novamente pediu algumas para experimentar. Comeu apenas uma e voltou para o seu cereal. Os pais ficaram estimulados com o fato de o menino aparentemente se abrir para tentativas de novos alimentos e esperançosos de que ele estivesse começando a sair de sua concha.

Durante a sessão de acompanhamento seguinte, seis meses mais tarde, John havia experimentado alguns novos alimentos e começado a comer pêssegos e uvas de forma mais regular. As refeições tornaram-se mais tranquilas e os pais estavam esperançosos de que ele continuaria a expandir sua ainda limitada dieta.

O caso de Maya: uma criança em idade pré-escolar com aversão alimentar sensorial grave e comportamento controlador

Maya tinha 4 anos e meio quando foi encaminhada para nossa clínica porque sua dieta muito limitada consistia em uma marca específica de cereais, panquecas, macarrão, macarrão instantâneo, *nuggets* de frango, batatas fritas, pizzas sem recheio, batata *chips* e sorvete. Ela não comia verduras e legumes, à exceção de alguns tipos de alface, e não comia nenhuma fruta, mas, às vezes, aceitava uma banana. Bebia leite e alguns tipos de iogurte com sabores suaves. A mãe lhe dava um complexo multivitamínico desde que tinha 2 anos, quando sua dieta tornou-se muito restrita.

O crescimento de Maya era excelente; estava no percentil 60 para altura e 70 para peso. Contudo, os pais relataram que as refeições eram horríveis porque a menina nunca parecia interessada em qualquer tipo de alimento que a família estivesse comendo e reclamava que o cheiro da comida dos familiares era ruim e que estavam fazendo muito barulho ao mastigar. Quando a mãe colocava algum alimento em seu prato, ela abandonava abruptamente a mesa e pouco depois pedia um de seus lanchinhos preferidos. Na pré-escola, ela se recusava a comer qualquer coisa que a professora oferecesse para as crianças, e seus pais começaram a mandar lanches especiais depois de ela ter rejeitado, durante alguns dias, todos os alimentos oferecidos pela escola e ter voltado para casa faminta e irritada.

As dificuldades de Maya começaram quando ainda era bebê e a mãe introduziu papinhas de legumes em sua dieta. Ela cuspia o alimento e recusava-se a comer mais. Contudo, aceitou as papinhas doces, até que teve início a tentativa de introduzir papinhas misturadas com pedaços de alimentos macios. Ela engulhou durante a refeição e começou a rejeitar qualquer alimento infantil depois do incidente. A mãe passou para os pequenos pedaços de alimentos macios que podiam ser pegos com as mãos e Maya pareceu apreciar alimentar-se sozinha. Entretanto, no segundo ano de vida, quando lhe foi oferecido um pequeno pedaço de maçã, ela engulhou e vomitou e depois disso passou a rejeitar essa e todas as outras frutas. Ela ainda comia frango macio e legumes cozidos, mas, com o tempo, foi ficando exigente e passou a recusar cada vez mais alimentos.

Preocupada, quanto mais a mãe tentava fazer Maya comer, especialmente frutas e legumes, mais resistente a menina parecia ficar. Já tinha tentado "tudo" – tentara, por exemplo, colocar algum novo alimento no prato da menina, mas ela protestou e chorou até que a mãe o retirasse. A mãe implorou para que ela comesse apenas mais um pedaço, porém mais uma recusa, e quando lhe negou suas comidas favoritas e lhe ofereceu apenas o que a família estava comendo, Maya se recusou completamente a comer.

Os pais discutiam entre si sobre o que deveriam fazer, e os sogros culpavam a mãe por não ser suficientemente rígida e mimar Maya quando desistiu de lutar e permitiu que a filha comesse apenas seus alimentos favoritos em uma mesa separada da família. A mãe se sentia exausta, porque mesmo depois de atender a vontade da filha, preparando-lhe alimentos especiais, a menina recusava o prato que pedira e queria alguma outra coisa. Às vezes, a mãe preparava várias comidas até que a filha finalmente estivesse disposta a comer algo.

A história de Maya ilustra a situação típica de uma criança com aversão alimentar sensorial, que também aprendeu que "deixar de comer" era uma forma de assumir o controle sobre sua mãe, comportamento que intensificava sua seletividade alimentar.

Uma vez que Maya apresentava um crescimento excelente e estava até um pouco rechonchuda por causa de sua preferência por carboidratos, tranquilizamos os pais dizendo que, com uma suplementação multivitamínica, eles não precisavam se preocupar em relação à nutrição da filha. Contudo, sua alimentação e comportamento à mesa precisavam ser trabalhados. Fizemos as seguintes recomendações:

1. Os pais receberam informações sobre as diretrizes alimentares descritas no Capítulo 2 e foi enfatizado que deveriam ter refeições regulares e um lanche à tarde, com intervalos de três a quatro horas entre cada uma delas. Não seria permitido comer lanchinhos ou beber, exceto água, entre as refeições.
2. Maya tinha que se juntar à família nas refeições e não haveria mais a alimentação em uma mesinha só para ela.

3. Se a família estivesse comendo algo que Maya já tivesse rejeitado sistematicamente no passado, a mãe faria uma comida especial para ela. Uma vez que ela tivesse preparado a comida, nenhum outro prato seria oferecido e a menina foi informada disso desde o início.
4. Maya poderia fazer sugestões sobre alimentos que quisesse comer, mas se estivesse encenando jogos de controle como fazia antes, a mãe decidiria qual comida preparar e ela teria de aceitá-la.
5. Os pais não perguntariam se Maya gostaria de comer algum dos alimentos que eles estavam comendo e não colocariam em seu prato nenhuma comida que ela já tivesse rejeitado no passado.
6. Se Maya criasse confusão antes ou durante a refeição, seria submetida ao procedimento de pausa descrito no Capítulo 3.
7. A mãe continuaria a mandar lanches especiais para Maya comer na escola.
8. Antes de introduzir essas novas regras, os pais tinham que explicar à menina o novo jeito como as coisas seriam feitas daquele ponto em diante.

Quando estiveram na sessão de acompanhamento, um mês mais tarde, os pais estavam satisfeitos com o fato de as refeições em família estarem mais tranquilas e de poderem ter boas conversas em vez de ter de ficar argumentando com Maya sobre o que ela iria ou não comer. Inicialmente, a menina estava resistente a sentar-se à mesa com os pais e tentava fazer que várias comidas fossem preparadas para ela, mas assim que a mãe assumia o controle e decidia o que iria preparar, a discussão acabava. Maya teve de fazer algumas pausas por não ir à mesa e por gritar para os pais que não comeria "peixe fedorento", mas depois dos procedimentos pareceu perceber que não mais era ela quem mandava na casa.

Os pais ainda estavam se perguntando se, algum dia, a filha iria expandir sua dieta limitada. Dissemos que ela relaxaria depois de ficar algum tempo sem ser pressionada e que ficaria interessada no que os amiguinhos estavam comendo. Também encorajamos os pais a deixarem que ela ajudasse no preparo das refeições e na colocação da mesa para aumentar sua exposição a diversos tipos de alimentos.

Perto do fim da sessão, perguntei a Maya se ela ficava chateada por não comer os mesmos alimentos que os pais e os amiguinhos da escola comiam, e ela respondeu simplesmente "Não". Diante disso, eu lhe disse: "Quando você crescer e isso a chatear, diga isso a seus pais e eles podem me ligar para que eu possa ajudá-la. Eu ajudei outras crianças como você a aprender a comer alimentos que as assustavam." Naquele momento, não sabia se veria a menina novamente. Contudo, três anos mais tarde, a mãe me ligou e disse que a menina havia pedido para ver "aquela mulher que iria ensiná-la a comer os alimentos".

Maya aos 7 anos

Quando voltou, Maya estava no segundo ano do ensino fundamental e, segundo os pais, era boa aluna e muito popular entre os professores e os colegas de classe. Embora não tivesse expandido muito sua limitada dieta desde a consulta inicial aos 4 anos e meio de idade, as brigas durante as refeições haviam acabado. Nos últimos meses, Maya mencionou à mãe que gostaria de poder comer as laranjas e uvas que tanto a mãe como suas amigas comiam, mas estava com medo de que pudesse engulhar e vomitar. Quando foi encorajada a apenas tentar, ela recusou e declarou que estava simplesmente muito assustada. Então, ela se lembrou de que eu tinha dito que poderia ajudá-la e pediu à mãe para me ligar.

Quando atendi Maya, ela ficou muito empenhada e ávida para seguir o plano de ganhar pontos de coragem por tentar novos alimentos. Começou com laranjas e tinha dificuldade com as "coisas brancas" da fruta, e descobriu que as laranjas da Califórnia eram mais doces e tinham menos partes brancas. Ela começou bem devagar, uma ou duas mordidas por dia, mas quando atingiu 15 pontos de coragem o processo se tornou mais fácil e ela ficou muito orgulhosa quando alcançou 50 pontos e ganhou uma boneca como prêmio. Então, seguiram-se as maçãs, de uma forma muito similar, depois as peras, e ela estava simplesmente muito orgulhosa de si mesma por ter tido tanta coragem. Sua coragem parecia aumentar a cada alimento que assimilava.

Entretanto, chegou a vez das cenouras, um dos alimentos preferidos da mãe, e, na primeira mordida, Maya engulhou e vomitou. Quando veio me ver depois disso, ela estava muito triste e desanimada. Falamos sobre o fato de que seus botões gustativos pareciam não estar prontos para as cenouras, mas que havia outros alimentos que ela poderia experimentar com sua coragem e descobrir se gostava deles. Levou um mês para que ela superasse sua decepção e estivesse pronta para seguir adiante com os pêssegos. Quando sua coragem voltou, ela me disse que agora sabia como fazer e que não precisava mais me ver. Um ano mais tarde, recebi dela um cartão com uma lista de todos os alimentos que conseguia comer, com a seguinte assinatura: "Maya com coragem".

Capítulo 6

Crianças que têm medo de comer: transtorno alimentar pós-traumático

Sinais de transtorno alimentar pós-traumático em bebês

Existem bebês e crianças pequenas que se recusam obstinadamente a tomar mamadeira. Esse comportamento ocorre depois que eles tiveram experiências dolorosas ou assustadoras durante ou após o ato de mamar. Eles podem ter sentido dor ou sofrimento causado por *refluxo gastroesofágico* (quando o alimento volta do estômago para o esôfago e/ou para a boca), por procedimentos médicos, como entubamento (inserção de um tubo na traqueia para a respiração durante a anestesia), sucção vigorosa pós-cirúrgica ou inserção de tubos de alimentação pelo nariz até o estômago. A recusa alimentar pode seguir-se também a um ou mais episódios de vômito e pode ser desencadeada por engulho, engasgo ou pela alimentação forçada por um cuidador. Bebês em seu primeiro ano de vida já fazem associações entre alimentação e dor ou sofrimento que experimentaram durante ou depois de tomar mamadeira. Consequentemente, esses bebês ficam com medo de se alimentar dessa maneira. Eles choram ao ver a mamadeira, arqueiam a cabeça e afastam-se da mãe quando são posicionados para a alimentação. Eles também se recusam a abrir a boca e não tomam a mamadeira, sem levar em conta se estão ou não com fome. O medo de mamar se sobrepõe à sensação de fome. Esse comportamento pode ocorrer depois de uma simples ocorrência ou de repetidos episódios de experiências traumáticas que listei anteriormente. Uma vez que os bebês tenham desenvolvido o medo de se alimentar, eles se recusam veementemente a tomar mamadeira. Esse medo irá perdurar mesmo se o problema médico subjacente (p. ex., refluxo gastroesofágico) for resolvido e o bebê não estiver mais diante da possibilidade de experimentar dor ou desconforto durante a alimentação.

Curiosamente, os mesmos bebês que, quando acordados, choram e lutam contra a amamentação podem aceitar o bico da mamadeira durante a transição para o sono e frequentemente tomam vários mililitros de leite sem desconforto enquanto estão dormindo. Entretanto, se despertam durante o processo, empurram a mamadeira para longe e começam a chorar. Esse comportamento mostra claramente que desenvolveram um grave medo de tomar mamadeira.

Embora lutem intensamente contra a mamadeira, eles podem aceitar alimentos servidos na colher e comer papinhas sem medo. Também podem tomar um suco ou água em um copo com bocal de sucção ou copo normal. No entanto, se o leite é servido em um copo, eles tendem a rejeitá-lo, porque parecem ter estabelecido uma relação entre o ato de beber leite e o trauma.

O que os pais podem fazer para ajudar seus bebês amedrontados

O primeiro passo para os pais é reconhecer quando seus bebês ficam aflitos. Eles demonstram aflição de diversas maneiras, quando choram, por exemplo, ao verem uma mamadeira ou babador, ao serem acomodados para a alimentação ou com a aproximação da mamadeira. Esses comportamentos mostram que o bebê está com medo, e os pais precisam olhar para trás e tentar descobrir o que o levou a esse estado. Ele engulhou ou engasgou com algum alimento e ficou assustado? Ou então vomitou alguma comida e a partir daí começou a mostrar esse comportamento medroso? Foi submetido a algum procedimento médico que envolveu entubação ou aspiração traqueal? Os pais se esforçaram muito para fazer o filho comer um pouco mais e colocaram o alimento à força em sua boca? Eles precisam revisar o que aconteceu durante as refeições ou o que quer que tenha ocorrido em outras situações para que o bebê tenha desenvolvido o medo da alimentação.

Uma vez que entendem o medo do filho, os pais podem tentar ajudá-lo a superar essa dificuldade. Se ele chora ao ser posicionado para a refeição, os adultos podem segurá-lo na mesma posição e, em vez de alimentá-lo, cantar para ele, balançá-lo, sem pensar em comida. Isso permitirá que o bebê faça associações positivas em relação ao posicionamento para a alimentação. Se o bebê tem menos de 10 meses, uma possibilidade é verificar se ele aceita a mamadeira quando está na transição para o sono. Os pais podem deixá-lo brincar com a mamadeira durante o dia, mas sem tentar alimentá-lo, para que ele possa gradativamente superar o medo que sente por ela. Também é possível dar água em um copo em vez de mamadeira, para evitar a desidratação. Um copo com canudo também pode ser oferecido para checar se o bebê aceita essa opção. Se ele tem mais que 5 meses, os pais podem começar a usar a colher para alimentá-lo. Eles devem ir lentamente e parar se o filho cuspir o alimento ou aparentemente mostrar sinais de desconforto. Então, podem fazer outra tentativa no dia seguinte, dando somente pequenas quantidades de papinha até que a criança se acostume com o novo alimento. Os pais devem evitar qualquer alimentação forçada, procedimento que somente torna a situação ainda pior.

Contudo, se o bebê se recusa a tomar qualquer coisa, completamente, trata-se então de uma emergência médica. Ele ficará desidratado e os pais precisam levá-lo ao pediatra com urgência. Em geral, esse quadro caracteriza um transtorno alimentar muito grave que necessita de atenção médica para garantir o estado clínico e nutricional do bebê. Além disso, intervenções comportamentais especiais frequentemente são necessárias para ajudá-lo a superar o medo de se alimentar.

O caso de Amy: um bebê com transtorno alimentar pós-traumático

Amy nasceu depois de uma gestação normal com 3,010 kg. Ela se alimentava sem dificuldade, mas após duas semanas, começou a vomitar pequenas quantidades, às vezes durante e às vezes depois da amamentação. Os vômitos pareciam ficar mais frequentes e ela expelia quantidades cada vez maiores de leite. Entretanto, continuava a ganhar peso. Quando tinha cerca de 6 semanas de vida, ela começou a chorar durante a amamentação e se recusava a prosseguir. Isso também começou a acontecer com mais frequência e, quando ela tinha 10 semanas, os pais procuraram ajuda profissional.

O diagnóstico de Amy foi refluxo gastroesofágico, o que significa que parte do leite ingerido por ela subia do estômago para o esôfago e, às vezes, resultava em vômito. Durante o tratamento médico, Amy começou a chorar e arquear a coluna quando sua mãe tentava posicioná-la para a amamentação. A mãe notou que o único modo de fazê-la aceitar pegar o bico da mamadeira era quando estava na transição para o sono. O bebê tomou o medicamento para seu refluxo gastroesofágico, mas continuava a arquear a coluna quando era posicionado para a alimentação e recusava-se a abrir a boca para a mamadeira.

Como Amy aceitava a mamadeira na transição para o sono ou durante o sono, foi recomendado que a mãe estabelecesse um horário regular de alimentação e sono para a filha. Isso significava uma amamentação durante a soneca da manhã, por volta das 9h, outra durante a sesta da tarde, por volta das 13h, a próxima no cochilo das 17h, e três mamadas durante a noite: por volta das 21h, à meia-noite e às 5h da manhã.

Dessa maneira, tanto Amy como seus pais poderiam ter períodos regulares de sono, e o bebê teria o leite suficiente nessas seis refeições. Isso foi mais fácil programar do que fazer e levou cerca de duas semanas até que Amy se ajustasse aos horários. Durante o dia, sua mãe foi encorajada a deixar que ela brincasse com a mamadeira para ajudá-la a superar o medo de levar a garrafinha à boca. Nas primeiras semanas do horário de alimentação, a mãe me contou que Amy acordava durante as mamadas noturnas e começava a chorar e a empurrar a mamadeira para longe da boca.

Depois de cerca de um mês de alimentação durante o sono, ela acordava enquanto estava mamando e parava de beber, mas deixou de chorar e de empurrar a mamadeira. O próximo passo foi abrir os olhos, olhar a mamadeira e continuar bebendo. Na ocasião, ela estava com 8 meses, e sua mãe a deixava brincar com a mamadeira cheia nas horas em que estava desperta. Nesse período, a mãe também reduziu o número de mamadas durante o sono para apenas cinco. Aos 9 meses, quando Amy acordava durante as mamadas, continuava com a mamadeira em sua boca e seguia recebendo sua alimentação acordada.

Durante esse processo, quando Amy tinha 5 meses, a mãe começou a usar a colher em sua alimentação. De início, a filha não parecia gostar das papinhas. Ela fazia caretas e a alimentação era interrompida, e outra tentativa era feita no dia seguinte. Depois de oito tentativas, Amy aceitou a papinha de batata-doce sem fazer caretas e gradativamente passou a comer algumas colheradas. Em seguida, a mãe tentou outro sabor, o que foi um pouco mais fácil, e, depois de um mês aproximadamente, Amy estava bastante disposta a comer algumas colheradas de diferentes papinhas.

Aos 10 meses, ela ainda estava tomando seu remédio para o refluxo. A mãe notou que, quando tentava retirar a medicação, Amy bebia menos, mesmo durante o sono. No entanto, ficou eufórica quando a filha começou a mamar acordada. Ela sabia que a menina tinha superado seu medo de mamadeira.

Sinais de transtorno alimentar pós-traumático em crianças entre 1 e 3 anos e crianças maiores

Crianças que se recusam a comer qualquer alimento sólido depois de terem tido uma experiência ruim durante uma refeição mostram sinais de transtorno alimentar pós-traumático. Essas experiências variam de engulho ou engasgo com alimento, até um episódio de vômito ou de engolir um dente. Algumas crianças que atendi presenciaram um membro da família sufocar-se ou ouviram sobre alguém que teve essa experiência, o que as assustou de tal modo que se recusavam a comer por medo de que a mesma coisa também acontecesse com elas. Outras ficaram com medo e não mais aceitavam comer depois de terem sido forçadas a fazê-lo por seus cuidadores.

* * *

Estes são alguns exemplos de crianças de diferentes idades que desenvolveram um transtorno alimentar pós-traumático:

O caso de Justin

Justin tinha 1 ano e 6 meses quando foi trazido para uma avaliação porque rejeitava qualquer alimento sólido e ainda bebia somente na mamadeira. A mãe contou que, aos 8 meses, ele havia se sufocado com cereal matinal. Foi uma experiência muito traumática para ambos, porque o menino ficou azul enquanto tentava respirar. Ela teve que fazer a manobra de Heimlich e depois virou o filho de cabeça para baixo para que o alimento saísse de suas vias aéreas. Depois dessa experiência, o menino se recusava a aceitar qualquer alimento oferecido por meio de uma colher e não tocava pequenos pedaços de comida que podiam ser pegos com as mãos. Ela tentou convencê-lo, distraí-lo e até mesmo fazê-lo passar fome, mas nada ajudou a fazer com que ele comesse qualquer alimento sólido. Felizmente, Justin continuou a tomar mamadeira e, quando ficou mais velho, a mãe batia os alimentos no liquidificador e os colocava na mamadeira. Dessa maneira, ele continuou a crescer a uma taxa normal.

O caso de Lilly

Quando tinha 6 anos de idade, Lilly estava comendo balas de goma no carro enquanto ia com os pais para a igreja. Ao chegarem, a menina gritou e disse que tinha se engasgado com o alimento no carro. Ela não tinha dificuldade para respirar e quando conseguiu acalmar-se a família seguiu para a missa.

À noite, ela parecia ansiosa e não quis comer. Bebeu um pouco de água, mas reclamou que tinha alguma coisa em sua garganta que estava tornando difícil o ato de engolir. No dia seguinte, a garota continuou rejeitando qualquer alimento sólido, e depois de muita conversa bebeu água e um pouco de leite. Seus pais levaram-na ao pediatra que, depois de exames clínicos e de raio X, não encontrou nenhum problema e garantiu a Lilly que estava tudo bem com a sua garganta. Entretanto, ela continuou a queixar-se de que tinha algo a incomodando e recusava-se a comer qualquer alimento sólido. Também disse à mãe que tinha medo de se sufocar e morrer. Os pais levaram a menina de volta ao pediatra, que a encaminhou para um otorrinolaringologista. O especialista a examinou e nada encontrou de relevante em sua garganta. Embora os dois médicos afirmassem que Lilly estava saudável, que não havia nada que a impedisse de engolir, ela não conseguia comer nenhum alimento sólido e perdeu 2,720 kg em quatro semanas.

O caso de Kevin

Kevin tinha 8 anos quando estava na casa de um amigo no momento em que o pai dele engasgou. Outro membro da família teve de fazer algo conhecido como manobra de "Heimlich" para conseguir tirar a comida de sua garganta. Os dois meninos ficaram muito abalados com a experiência e conversaram sobre o que aconteceria ao pai do amigo, se poderia ter morrido se não recebesse ajuda.

Quando voltou para casa para o jantar, Kevin não queria comer. Seus pais lhe perguntaram se estava doente. Ele negou que estivesse se sentindo mal e simplesmente foi para a cama. No dia seguinte, novamente não quis comer, mas a mãe conseguiu que ele tomasse seu leite achocolatado. O menino trouxe o lanche da escola de volta e recusou-se a comer no jantar. Os pais ficaram preocupados e, depois de investigarem com mais insistência, ele admitiu que estava com medo de se sufocar com a comida.

Os pais levaram o menino ao pediatra, que o encaminhou ao otorrinolaringologista. Embora ambos afirmassem que sua garganta estava perfeitamente normal e de que não teria dificuldade alguma para engolir, Kevin se recusava a comer qualquer alimento sólido. Ele bebia leite achocolatado e foi persuadido a tomar um pouco de sorvete, mas não aceitava colocar na boca qualquer comida que precisasse ser mastigada. Quando os pais insistiram para que ele comesse, o menino chorou e recusou-se a comer ou beber qualquer coisa.

Quando os pais tentaram recompensá-lo caso comesse alimento sólido, ele realmente queria a gratificação, mas não conseguia convencer-se a colocar qualquer alimento na boca. Kevin ficou muito desapontado consigo mesmo e tornou-se cada vez mais irritável, principalmente perto do horário das refeições. O menino se recusava a ir à mesa quando a família fazia as refeições e passou a ter dificuldades para dormir à noite. Ele era um bom aluno, mas começou a ter problemas para se concentrar na escola. Sua professora notou que ele não se sentava durante as aulas e que preferia fazer suas atividades em pé. Naquele momento em que Kevin veio para uma consulta, ele tinha perdido 3,170 kg no período de um mês.

O que torna algumas crianças vulneráveis ao transtorno alimentar pós-traumático

Embora muitos bebês e crianças passem pela experiência de engulhar, engasgar ou vomitar, terem tubos de alimentação inseridos pelo nariz ou serem entubados, apenas alguns deles desenvolvem o transtorno alimentar pós-traumático (Chatoor et al., 1988). Esse transtorno em crianças e adultos tem sido descrito como fobia de sufocamento (McNally, 1994; Solyom e Sookman, 1980), fobia de deglutição (de Lucas-Taracena e Montañés-Rada, 2006) e disfagia funcional (Kaplan e Evans, 1978). Vários autores comentaram sobre a alta comorbidade, a combinação desse transtorno com transtornos de ansiedade. Embora seja difícil avaliar se os bebês que ficaram com medo de se alimentar apresentaram quaisquer sinais precoces de temor, a história de crianças mais velhas é com frequência muito reveladora e mostra que elas geralmente lutaram contra a ansiedade e até mesmo contra a depressão antes do desenvolvimento do transtorno alimentar pós-traumático.

Lilly, a garota que descrevi anteriormente, por exemplo, era muito apegada à sua mãe. Durante a noite, muitas vezes se infiltrava na cama dela e ficava dormindo por lá até a hora de acordar. Sempre que a mãe tinha que viajar, a menina ficava muito chateada e chorava, implorando para que não partisse. Embora fosse bastante constante em outros aspectos, indo muito bem na escola, sendo popular entre seus colegas, ela sempre lutava contra uma ansiedade de separação quando sua mãe precisava se ausentar por alguns dias. No dia anterior à "experiência do sufocamento" no carro, a mãe havia lhe contado que precisava fazer uma viagem de negócios por uma semana. Lilly chorou ao ser informada, mas depois não tocou mais no assunto.

O medo de se separar de um dos pais parece ser um tema comum que precede o evento traumático e causa uma ansiedade intensa, que em seguida leva ao medo do sufocamento e da morte. Para várias crianças, a viagem de um dos pais, ou de ambos, e o estar longe por alguns dias intensificaram sua ansiedade antes da ocorrência do sufocamento ou do engasgo. Para outras, a discórdia entre os pais ou conversas sobre divórcio foram muito desgastantes para elas e criaram o medo da perda de um dos pais e da morte como a separação mais extrema. Em algumas crianças, a mudança de escola e o início dessa nova experiência aumentaram sua ansiedade por causa da perda de amigos e de professores com os quais já estavam familiarizadas, e a luta para se ajustarem tornou-as mais vulneráveis a uma reação de medo intenso, mesmo quando experimentaram apenas um episódio de engulho ou somente ouviram falar sobre alguém que teve um sufocamento.

Em geral, as ocorrências de engulho e sufocamento parecem ser o gatilho que faz disparar a ansiedade das crianças e cristalizam seu medo em relação à alimentação, ao sufocamento e à morte. Uma vez que elas desenvolveram esse medo de sufocamento, nenhuma argumentação dos pais ou médicos parece ser capaz de convencê-las de que não precisam se preocupar e de que não terão problemas para engolir alimentos sólidos. Como ilustrei no caso de Kevin, para algumas crianças a ansiedade se espalha para outras áreas de suas vidas. Elas começam a levar suas preocupações para a cama e passam a ter problemas para pegar no sono. Podem preocupar-se com a alimentação na escola e terem dificuldades de concentração. É possível que não sejam capazes de beber o suficiente para satisfazer suas necessidades nutricionais, que fiquem irritadas e percam peso. As crianças ficam presas a um ciclo vicioso que se instaura para o resto de suas vidas.

Como os pais podem ajudar

A primeira prioridade para os pais deve ser o bem-estar físico dos filhos. Se a criança se recusa a engolir qualquer alimento sólido, os pais devem insistir para que ao menos ela tome água. Caso não consiga beber, trata-se de uma emergência, e a criança precisa ser vista por um médico sem demora. Se ela consegue beber água, então os pais devem encorajá-la a tomar leite e, se possível, algum suplemento líquido para manter sua estabilidade nutricional. Então, podem encorajá-la gradativamente a comer papinhas com textura de purê e alimentos macios que se desmancham na boca.

Os pais devem estabelecer horários regulares para as refeições e manter o filho sentado com o resto da família, comendo sua papinha especial ou tomando sua bebida, enquanto os familiares comem os alimentos habituais. As refeições devem ser tranquilas, e a criança não pode ser forçada a ingerir qualquer coisa de que tenha medo. Algumas têm dificuldade de ver os outros familiares comendo, mas é necessário que superem esse medo e que o momento da alimentação seja o mais agradável possível. É muito importante manter o horário das refeições para que as crianças sintam fome entre elas e não se habituem a comer lanchinhos a qualquer momento sem nunca se sentirem devidamente saciadas. Dessa maneira, algumas crianças podem gradualmente superar seu medo de sufocamento, passar a comer mais alimentos mastigáveis e voltar a ter um padrão alimentar normal em poucos meses.

Porém, como descrevi nos exemplos apresentados, algumas delas expressam medos mais intensos de sufocamento e morte, que devem ser atenuados submetendo-as a exames realizados por seus pediatras ou, se necessário, médicos de outras especialidades. Algumas se tranquilizam quando seus médicos dizem que são saudáveis e que não há nada de errado com sua garganta, e gradualmente superam sua dificuldade alimentar, como já descrito. Em alguns casos, se os pais são capazes de identificar a causa do temor e de conversar a respeito das preocupações do filho, longe do momento da refeição, isso pode ajudá-lo a relaxar e superar seus medos. No entanto, algumas crianças, como Lilly e Kevin, lutam contra uma ansiedade intensa que afeta também outras áreas de suas vidas e precisam de ajuda profissional.

* * *

Concluindo, o transtorno alimentar pós-traumático é caracterizado por uma recusa aguda de alimentos, líquidos ou sólidos, dependendo do tipo de alimentação que o bebê ou a criança associa com a experiência traumática. Em alguns casos, podem recusar todos os tipos de alimento, sejam líquidos ou sólidos. As crianças mais velhas conseguem verbalizar seu medo de sufocamento e morte que se desenvolve como resultado de preocupações e inseguranças subjacentes.

Para os pais, é importante identificar o trauma que desencadeou a recusa alimentar e avaliar se o filho pode superar gradativamente o medo de comer descrito neste capítulo. No entanto, se a criança é oprimida pelo medo e incapaz de fazer progressos, a ajuda profissional será necessária.

Capítulo 7

Crianças que têm mais de um transtorno alimentar

Como delineei nos capítulos anteriores, as crianças podem ter diferentes dificuldades alimentares que exigem intervenções específicas que vão além do estabelecimento de hábitos saudáveis de alimentação. Aquelas com anorexia infantil, que têm pouco apetite e déficit de crescimento, precisam reconhecer quando estão com fome e aprender a comer até que estejam satisfeitas. No caso dessas crianças, é muito importante que sejam mantidas sob um regime de refeições regulares, separadas por períodos de três a quatro horas, sem lanchinhos entre uma refeição e outra, bebendo apenas água durante esses intervalos. Isso é necessário para que possam sentir fome. É preciso também ensiná-las a se sentar e permanecer à mesa por 20 a 30 minutos para que possam aprender a comer até se sentirem saciadas.

Crianças com aversões alimentares sensoriais, que recusam de forma sistemática determinados alimentos, também têm dificuldades de sentar-se à mesa por causa de sua recusa em olhar para a comida que temem ingerir ou por sentir o cheiro daquilo que os outros familiares estão comendo. Elas precisam ser levadas à mesa para superar essas dificuldades, mas os pais não devem aborrecê-las desnecessariamente obrigando-as a comer o mesmo que os outros membros da família. Se esse alimento lhes é aversivo, eles devem preparar algum prato adicional para que as crianças possam participar da refeição.

Crianças com transtorno alimentar pós-traumático, que sentem medo de comer alimentos sólidos, podem se beneficiar das refeições em família, mas, em primeiro lugar, os pais precisam saber quais as comidas temidas pelo filho, para que possam ajudá-lo a superar seus temores. Isso pode significar que será necessário ajudá-lo, pouco a pouco, a tolerar a situação de ficar sentado à mesa e ajustá-lo à refeição, providenciando alimentos com texturas cada vez mais densas, de acordo com sua capacidade de assimilá-los. Não se deve pressionar a criança, e sim apoiá-la, dizendo-lhe que está fazendo progressos e que as coisas vão ficar mais fáceis com o passar do tempo.

Às vezes, quando as crianças têm mais de um transtorno alimentar, os sintomas podem não ser tão claros e o quadro pode parecer bastante confuso. Em nossos estudos diagnósticos de crianças com transtornos alimentares, descobrimos que mais de 30% delas (Chatoor et al., 2011) tinham mais de um transtorno alimentar. Chamamos isso de *comorbidades* ou *transtornos alimentares complexos*.

A coexistência mais frequente de dois transtornos alimentares em uma mesma criança é a anorexia infantil associada às aversões alimentares sensoriais. No entanto, pode haver outras combinações. Por exemplo, crianças com aversões alimentares sensoriais podem ter forte reação aversiva a um determinado alimento, levando ao engulho ou mesmo ao vômito, e, depois disso, ficarem completamente tomadas pelo medo de comer. Isso significa que elas desenvolveram um transtorno alimentar pós-traumático em decorrência de aversões alimentares sensoriais subjacentes.

Outras podem ter refluxo gastroesofágico (condição em que a comida volta do estômago e, assim, provoca o vômito) e também desenvolver aversões alimentares sensoriais, que podem desencadear mais vômitos quando elas consomem alimentos aversivos. Algumas crianças com anorexia podem ficar desnutridas por causa de sua recusa alimentar. É possível que isso deflagre uma ansiedade intensa nos pais, que acabam por recorrer à força para alimentar o filho, o que, por sua vez, pode levar a criança a desenvolver um medo enorme de comer, o qual finalmente se transforma em um transtorno alimentar pós-traumático.

Quando a criança apresenta mais de um transtorno alimentar, é importante que cada um deles seja diagnosticado e tratado individualmente. De outro modo, será difícil que ela fique bem. Contudo, pode ser complicado entender os vários sintomas que a criança apresenta quando eles provêm de mais de um transtorno alimentar. Por conseguinte, as crianças com transtornos alimentares complexos frequentemente necessitarão de ajuda profissional.

O caso de Mary: a combinação de anorexia infantil e aversão alimentar sensorial

Mary tinha 2 anos quando seus pais a trouxeram para a nossa clínica de transtornos alimentares. Eles tinham várias preocupações com a alimentação da filha. Desde que tinha 9 meses, era difícil alimentá-la. Ela costumava ser uma menininha alegre, até que seus pais a colocaram em um cadeirão. Depois de algumas poucas colheradas de papinha ou de umas mordidas em algum alimento sólido, ela se recusava a abrir a boca e lutava para sair do cadeirão. A única maneira de conseguirem fazê-la comer um pouco mais era distraindo-a com seus brinquedos, livros ou televisão. Dos 9 meses aos 2 anos, ela ganhou muito pouco peso e ficou desnutrida. *Todos esses sintomas são característicos da anorexia infantil.*

Além disso, Mary comia apenas um pequeno número de alimentos. Desde os 8 meses, quando engulhou com espinafre, ela passou a rejeitar de forma sistemática todos os vegetais verdes e a maioria das frutas. Às vezes, aceitava um pouco de banana, desde que não estivesse muito madura e não tivesse manchas na casca. Comia *nuggets* de frango, mas não outras carnes, e chorava e recusava-se a comer qualquer coisa caso seus pais colocassem em seu prato um alimento de que não gostasse. *Esses são sintomas típicos de aversões alimentares sensoriais.*

O tratamento de Mary foi uma combinação do tratamento de anorexia infantil, descrito no Capítulo 4, e do tratamento de aversões alimentares sensoriais, que apresentei no Capítulo 5.

O tratamento da anorexia infantil

Os pais foram instruídos a seguir as diretrizes alimentares e o procedimento de pausa para lidar com a falta de apetite de Mary e, assim, ajudá-la a reconhecer as sensações de fome, a comer até se sentir saciada e a aprender a se acalmar quando não conseguia que as coisas fossem feitas ao seu modo. Eles foram encorajados a ter refeições regulares e um lanche da tarde, todos espaçados entre si por um período de três a quatro horas, e sem a permissão de comer e beber entre essas refeições. Se ficasse com sede, a menina deveria tomar água. Para aprender a comer até ficar saciada, Mary precisava ficar no cadeirão até que as barrigas de todos estivessem cheias.

Ela recebia apenas pequenas porções de comida e, quando acabava, era servida novamente até ficar satisfeita. Se criasse problemas para permanecer no cadeirão ou começasse a jogar os alimentos, como tinha feito no passado, era submetida ao procedimento de pausa em seu berço e só podia voltar à mesa depois que se acalmasse e se mantivesse calma em seu quarto por alguns minutos. Os pais deveriam comer por mais 5 a 10 minutos depois de todos voltarem à mesa. Ela não tinha que comer, mas precisava aprender a ficar no cadeirão até que eles dissessem que estavam com a barriga cheia.

O tratamento da aversão alimentar sensorial

Foi recomendado aos pais que não oferecessem a Mary alimentos que a menina tivesse recusado sistematicamente no passado e que se restringissem a pratos que ela fora capaz de comer sem dificuldades. Os pais tinham que fazer as refeições junto com a filha, servir de modelo comendo uma boa variedade de alimentos, mas sem colocar no prato dela nenhum dos alimentos que estivessem comendo, principalmente se a menina os tivesse recusado no passado. Se Mary não fosse capaz de comer nenhum dos alimentos servidos na refeição, os pais deveriam preparar alguma comida de que ela gostasse. Contudo, se ela não quisesse comê-la depois de servida, eles não deveriam preparar ou dar nenhum outro alimento que a menina pedisse.

Os pais foram instruídos a não perguntar a ela se gostaria de experimentar algo que estivessem comendo, mas esperar até que a menina, por si mesma, pedisse para provar alguma coisa da refeição deles. Se Mary pedisse algo, eles deveriam lhe dar apenas um pequeno pedaço e dizer que aquela era a comida do papai e da mamãe, mas que ela poderia comer um pouquinho. Eles precisavam estar conscientes de que quanto mais difícil tornassem o acesso a sua comida, mais ela iria querer experimentá-la. Deviam ficar satisfeitos se ela gostasse da comida deles e poderiam dizer algo do tipo: "É gostoso", mas não deveriam bater palmas ou cobri-la de elogios, nem ficar desapontados se ela cuspisse ou não quisesse provar mais nada. Eles precisavam ser neutros para que a filha descobrisse quais alimentos poderia tolerar.

Com essa abordagem combinada, Mary foi capaz não apenas de reconhecer quando tinha fome ou quando precisava comer mais para ficar satisfeita, como também ficou à vontade para experimentar novos pratos e gradualmente expandiu a variedade de alimentos que era capaz de comer.

O caso de Jerry: a combinação de aversão alimentar sensorial e transtorno alimentar pós-traumático

Jerry tinha 1 ano e meio quando seus pais o trouxeram para nossa clínica de transtornos alimentares porque ele tomava apenas leite e recusava-se a comer qualquer alimento sólido. O menino nasceu de uma gestação normal e se desenvolveu bem, sem nenhum problema de alimentação ou crescimento até os 6 meses. Entretanto, quando o cereal infantil foi introduzido em sua dieta, ele fez careta e não quis comer outra colherada. A mãe interrompeu a oferta do alimento e tentou novamente no dia seguinte, obtendo o mesmo resultado. Ela tentou repetidamente durante vários dias e, após 1 semana, o menino passou a aceitar uma segunda colherada, e depois disso a mãe conseguiu alimentá-lo com quantidades cada vez maiores do cereal. *Esse comportamento indica que Jerry tinha alguma sensibilidade ao cereal infantil, mas que foi capaz de superá-la com repetidas exposições.*

Depois de algumas semanas, a mãe introduziu as papinhas infantis na dieta do filho. Contudo, a cada novo sabor, ele fazia careta e se recusava a continuar comendo. Mas com a exposição repetida de poucas quantidades nos dias seguintes, ele aprendeu a comer diferentes papinhas de legumes. O problema grave começou quando Jerry tinha 9 meses e a mãe lhe ofereceu pratos infantis do estágio 3, que são uma combinação de papinha com pedaços de legumes macios. Jerry engulhou na primeira exposição e não quis comer mais um pouco. A mãe ofereceu o mesmo alimento no dia seguinte, mas ele engulhou e vomitou quando a comida foi colocada em sua boca.

Ela então comprou um tipo diferente de papinha do estágio 3, mas quando começou a alimentá-lo, ele teve ânsia e vomitou assim que o alimento tocou em sua boca.

Essa é uma história muito comum de crianças pequenas que têm aversões alimentares sensoriais. Jerry mostrou sensibilidade a diferentes sabores de papinha fazendo caretas, mas conseguiu ficar dessensibilizado quando a mãe o expôs repetidamente a pequenas quantidades até que fosse capaz de tolerar um pouco mais. No entanto, ele teve uma reação aversiva muito forte a papinhas misturadas com pedaços de alimentos sólidos macios. Isso pode ser visto em bebês que são sensíveis não apenas ao gosto, mas também à textura dos alimentos.

Depois desse episódio, o menino passou a chorar quando a mãe se aproximava com qualquer papinha, mesmo aquelas que ele tinha comido anteriormente. Continuou a tomar seu leite na mamadeira.

A mãe esperou até o dia seguinte, mas quando ele a viu esvaziar o potinho da papinha em sua tigela começou a chorar e não quis ir para o cadeirão. Ela finalmente conseguiu colocá-lo no cadeirão ainda chorando, mas quando pôs a tigela na bandeja, ele começou a engulhar e vomitar mesmo antes de comer o alimento.

Esses são sintomas típicos de um transtorno alimentar pós-traumático. Jerry havia feito uma associação entre papinhas e engulho e vômito. Ele ficou muito medroso – bastava olhar para o cadeirão e ver o pote de papinha para começar a chorar de medo. Quando a mãe insistia em colocá-lo no cadeirão, seu medo aumentava de tal modo que ele começava a engulhar e vomitar, somente de pensar em comer o alimento temido.

A partir daquele dia, Jerry se recusou a comer qualquer alimento infantil e os pais procuraram ajuda profissional, sem muito sucesso. Quando foi recebido em nossa clínica, com 1 ano e meio de idade, ele bebia apenas leite e recusava-se a comer qualquer alimento sólido. Chorava toda vez que os pais tentavam colocá-lo no cadeirão, e eles o deixavam beber seu leite na hora e lugar que quisesse. Ele continuava a ter um bom apetite e estava bem nutrido.

A história mostrou que Jerry parecia ter forte sensibilidade ao gosto e à textura dos alimentos infantis e que era uma criança que prontamente fizera associações entre suas experiências ruins e certos alimentos que a mãe lhe havia dado. Por isso, ele ficou muito medroso e determinado a não mais comer aqueles alimentos. Com frequência, é muito difícil para os pais e profissionais compreenderem que crianças muito novas podem fazer essas fortes associações e se tornarem resistentes a comer aqueles alimentos novamente.

O tratamento inicial dessas crianças precisa ser direcionado para a superação do medo de comer, que expliquei no Capítulo 6, característico do transtorno alimentar pós-traumático. No caso de Jerry, isso se complicava em razão de suas aversões alimentares sensoriais subjacentes. Contudo, por ingerir quantidades adequadas de leite, ele não estava em situação de risco nutricional e podia ser tratado de forma ambulatorial, sem necessidade de alimentação através de sonda.

O primeiro passo foi conseguir colocá-lo no cadeirão e regular o horário em que ele tomava seu leite com as refeições dos pais, de modo a usar a modelagem de alimentação pelos adultos para ajudá-lo a superar seus medos. Os pais foram aconselhados a colocá-lo no cadeirão e diverti-lo com brinquedos, a fim de romper a associação entre suas experiências ruins com alimentos infantis e o estar ali sentado. Também foi recomendado que o menino tomasse leite apenas no café da manhã, no almoço, depois da soneca da tarde, no jantar e, se necessário, antes de dormir.

O próximo passo foi fazê-lo tomar sua mamadeira no cadeirão enquanto os pais estivessem fazendo suas refeições. Não lhe era oferecida nenhuma comida, para evitar que tivesse novas reações aversivas.

Jerry também tinha outros problemas sensoriais. Ele não gostava de tocar comidas úmidas com as mãos, tinha dificuldade de andar sobre grama ou areia, chorava quando seu cabelo era penteado ou cortado, e não suportava barulhos altos (como aspiradores de pó, carros de bombeiros transitando ou aviões sobrevoando). Ele foi examinado por uma terapeuta ocupacional que desenvolveu um *programa de integração sensorial* ou *dessensibilização geral* especialmente para ele e também o ajudou a tocar alimentos de diferentes texturas, brincar com eles e trazê-los à boca de uma forma divertida.

O primeiro avanço veio quando Jerry mostrou interesse em tocar a comida dos pais. Ele queria os *pretzels* da mãe. Levou-os à boca, lambeu o sal, mas não conseguiu convencer-se a mordê-los. Isso era empolgante, mas também causou a preocupação de que ele mordesse um pedaço do *pretzel* e não soubesse o que fazer com aquilo. Uma vez que não comia algo sólido há meses, seu desenvolvimento motor-oral estava atrasado. Esse tipo de atraso pode levar a criança a mastigar inadequadamente, engolir um pedaço muito grande e engulhar ou engasgar. Por isso, mudamos de estratégia e determinamos que os pais fizessem a modelagem de alimentação comendo os chamados "alimentos que derretem na boca" (p. ex., frutas, legumes e arroz tufados, cereal de trigo, salgadinhos de milho com sabor de queijo, etc.), alimentos que se dissolvem rapidamente em contato com a saliva. Eles deveriam colocar apenas algumas unidades na bandeja para que o filho ficasse à vontade na presença do alimento e tentasse comê-lo em seu próprio ritmo.

De início, Jerry jogou-os no chão, mas quando mudaram para uma mesa pequena, em que ele podia se movimentar melhor e na qual só havia "alimentos que derretem na boca" e que os pais também estavam comendo, o menino colocou um em sua própria boca. Esse foi o início de um lento progresso a partir desses alimentos facilmente solúveis em contato com a saliva, passando por outros de consistência macia, e depois para aqueles com mais textura. Durante esse processo, se Jerry se via às voltas com um alimento que tinha que cuspir, este era removido e não era oferecido novamente.

Esse processo de dessensibilização para ajudar o menino a descobrir que era seguro comer determinados tipos de alimentos demorou mais de seis meses. Ele se deparou com uma série de itens que teve que cuspir e, após cada uma dessas experiências, parecia voltar sistematicamente a comer apenas alimentos seguros. Os pais o tranquilizavam dizendo que ele não precisava comer aquele alimento novamente e ele parecia se recuperar cada vez mais rápido conforme o tempo passava. Ainda assim, o menino tinha ainda uma dieta bastante limitada e continuou a depender de seu leite como principal fonte nutricional por mais um ano.

* * *

Como esses casos ilustram, crianças que têm mais de um transtorno alimentar são um grande desafio para os pais. É muito importante entender os sintomas das dificuldades alimentares da criança, e, se eles não se encaixam em nenhum tipo de transtorno, os pais devem continuar examinando o que mais pode estar acontecendo com o filho. Eu chamei a comorbidade de dois ou mais transtornos alimentares de *transtornos alimentares complexos* porque são complicados e, assim como as camadas de uma cebola, precisam ser descascados um a um para que se compreenda o quadro geral.

Capítulo 8

Crianças que comem demais

Pais que têm mais de um filho frequentemente reparam algo desde muito cedo, eles notam que cada um deles se comporta de maneira diferente em relação à alimentação. Uma família, na qual a filha mais velha tinha pouco apetite e estava abaixo do peso, informou-me que a mais nova tinha exatamente o problema oposto – não sabia quando parar de comer e estava com sobrepeso. Pais de crianças obesas normalmente notam que seus filhos adoram comer, que não podem passar diante de uma comida saborosa sem querer comê-la, mesmo quando acabaram de ter uma boa refeição. Eles reclamam que seus filhos imploram por comida quando saem para fazer compras e servem-se direto da geladeira quando estão crescidos o suficiente para abri-la. Contam que as crianças chegam até mesmo a encontrar comidas colocadas em lugares escondidos e que fazem birra quando os pais tentam moderar seu comportamento alimentar.

Como entender o comportamento alimentar de crianças obesas

As três fomes

Uma de minhas pacientes jovens, que sofria de obesidade, explicou-me que ela tinha três tipos de fome: *a fome da boca, a fome do estômago e a fome do coração*.

A fome da boca

A paciente me explicou que a fome da boca – os sabores de certos alimentos – era tão maravilhosa e avassaladora que ela não se sentia saciada até o momento em que já não restasse nada do alimento saboroso para comer. Ela me deu o exemplo de quando fez *brownies* tão gostosos que não conseguiu se conter até que tivesse comido a assadeira inteira. Só então percebeu que tinha comido tanto que teve medo de se mexer e seu estômago explodir. Contou-me que ficou sentada lá, imóvel por um longo tempo, até se sentir segura para se movimentar.

Embora o exemplo acima possa parecer extremo, ele descreve o que pode ser observado, em vários níveis, em crianças que parecem ser muito atraídas por alimentos. Uma mãe de uma criança obesa, ainda bem pequena, disse-me que tinha medo de levar sua filha a festas de aniversário porque ela poderia ficar plantada na mesa comendo enquanto as outras crianças estivessem ocupadas brincando.

Esses exemplos demonstram o que já foi descrito na literatura científica como responsividade aumentada para sinais alimentares externos, que leva crianças obesas a comerem alimentos saborosos e apetitosos na ausência de fome.

A fome do estômago

Uma queixa comum de pais de filhos obesos é que essas crianças não parecem saber quando parar de comer e que frequentemente comem até que não haja mais comida. Uma família contou-me que, ao testar sua filha de 2 anos para saber se ela era capaz de dizer quando estava satisfeita, descobriu que a menina continuava comendo e pedindo mais sem reconhecer que sua barriga estava cheia. Ela comeu até parecer ficar cansada e então teve de ser carregada para a cama porque estava muito cheia e cansada para andar.

Novamente, esse é um caso extremo que descreve uma característica comum, embora certas vezes menos grave, das crianças obesas: a de que elas têm pouca consciência de quando estão saciadas e de quando precisam parar de comer.

A fome do coração

Muitas vezes, quando estão estressadas ou chateadas, beber e comer faz as crianças obesas se tranquilizarem. Ainda bem pequenas, elas querem a mamadeira para se acalmar e, à medida que crescem, passam a gostar de bebidas doces para buscar conforto emocional. Também aprendem a comer, especialmente lanchinhos, para manter longe sentimentos desconfortáveis, e choram se o alimento lhes é recusado. Na literatura, isso é descrito como comer emocional.

Jackie tinha 2 anos quando seus pais a trouxeram para uma avaliação por causa de uma obesidade grave, ela demonstrava que usava a comida para se acalmar. Eu a observei através de um espelho falso enquanto brincava com a mãe; a menina obviamente adorou ter esse tempo especial com ela. Estava muito feliz até que entrei na sala e lhe disse que teriam de parar a brincadeira porque eu precisava falar um pouco com a mãe. "Estou com fome", disse ela, e quando falei que ela tinha acabado de almoçar, a menina começou a chorar muito alto e não conseguia parar.

O que podemos aprender a partir dos estudos científicos

Como os pais frequentemente percebem as diferenças no comportamento alimentar de seus filhos desde pequenos, eles muitas vezes ficam imaginando quanto desse comportamento é hereditário. Um estudo inicial com gêmeos e adoções feito por Stunkard et al. (1986) registrou que até 80% da diferença em adiposidade (gordura do corpo) pode ser atribuída a *fatores genéticos*. Discutirei alguns estudos mais recentes que esclareceram um pouco três características alimentares que são, em grande parte, hereditárias e estão associadas à obesidade.

1. Crianças obesas comem em um ritmo mais rápido

Liewellyn et al. (2008) relataram que em uma observação, durante as refeições, de crianças com diferentes pesos, o ritmo para comer tinha correlação com o peso de cada criança. Aquelas com sobrepeso e as obesas tinham um ritmo mais rápido, seguidas por aquelas de peso normal; as que estavam no limite inferior do peso normal apresentaram o ritmo mais lento. Em minha experiência, pais de crianças com sobrepeso geralmente se queixam de que seus filhos "devoram" a comida, enquanto aqueles que têm filhos abaixo do peso dizem exatamente o contrário – que comem tão lentamente que as refeições se estendem por uma hora ou mais.

2. Crianças obesas respondem mais a sinais alimentares

Hill et al. (2008) descreveram que crianças obesas diferem em sua resposta a sinais alimentares. Elas são mais propensas a comer na ausência de fome quando expostas a alimentos apetitosos. Como mencionado anteriormente, a "fome da boca" parece levá-las a querer comer coisas saborosas sem considerar se estão ou não com fome.

3. Crianças obesas têm pouca consciência da saciedade

Wardle e Carnell (2009) demostraram que crianças de pesos diferentes têm respostas distintas à sensação de quando estão satisfeitas e devem parar de comer. Quando observaram a medida da circunferência abdominal de um grande grupo de crianças e compararam sua responsividade à saciedade, descobriram que quanto maior a circunferência abdominal delas, menor sua consciência de saciedade e maior o prazer que tinham com a comida.

Outro estudo, de Jansen et al. (2003), observou que, quando ganham um lanche antes da refeição, as crianças de peso normal ajustam sua ingestão de alimentos comendo menos na refeição que se segue, enquanto as crianças obesas comem tanto quanto o fariam de qualquer maneira, e ainda mais se expostas a comidas apetitosas.

Essa baixa consciência de saciedade foi descrita anteriormente como "fome do estômago". As crianças parecem gostar tanto da comida que não reconhecem quando estão saciadas e precisam parar de comer. É difícil saber se seus sinais de saciedade são inerentemente fracos, se a "fome da boca" se sobrepõe a esses sinais ou se há uma combinação das duas coisas.

Crianças obesas envolvem-se com o comer emocional

Além das três características hereditárias descritas, as pesquisas iniciais de Braet e Van Strien (1997) mostraram que as crianças obesas envolvem-se com o comer emocional, que se correlaciona a sentimentos negativos de competência física. Como ilustrado anteriormente em "fome do coração", crianças obesas desde cedo veem a experiência de beber e comer como tranquilizadora e aprendem a depender da alimentação para regular suas emoções.

> **O caso de Jackie: uma criança que apresentava todos esses comportamentos**
>
> Jackie foi trazida pelos pais para uma avaliação de obesidade grave quando tinha 2 anos. Ela e sua mãe começaram a refeição juntas e, enquanto esteve envolvida na conversa, ela comeu em um ritmo normal. Entretanto, quando o pai entrou na sala, com a refeição já se encaminhando para o fim, e começou a conversar com a mãe, o ritmo da alimentação da menina aumentou de forma notável.
>
> O pai me dissera anteriormente que queria se alimentar depois que Jackie e sua mãe tivessem terminado, porque desejava que eu observasse como a filha reagia à comida que ele iria consumir. Quando o pai saiu da sala, a menina retomou a conversa com sua mãe. Seu ritmo de alimentação diminuiu e quando a mãe terminou sua refeição e disse que estava satisfeita, depois de minutos, Jackie limpou seu prato e disse que tinha "acabado".

Contudo, quando seu pai voltou e se sentou para comer, ela imediatamente lhe pediu um pouco de sua comida. Quando ele respondeu que ela tinha acabado de comer e que aquela era a comida dele, a menina implorou por mais um pouco e, ao ver seu pai manter-se firme na recusa, começou a chorar.

Jackie mostrou que, ao ver uma comida apetitosa, não tinha a sensação interna de saciedade e estava ansiosa para comer mais, a despeito do fato de ter acabado de fazer uma refeição farta. Além disso, ela havia aprendido que comer a ajudava a lidar com emoções negativas, como raiva, frustração e falta de atenção. Quando seus pais conversavam entre si ou quando lhe recusavam comida, ela ficava extremamente chateada e tinha dificuldade de se acalmar.

Os estudos citados confirmam as observações de que crianças obesas comem em um ritmo maior, são mais responsivas a sinais alimentares e menos conscientes de quando estão saciadas e precisam parar de comer. Avalia-se que cada uma dessas características esteja condicionada por fatores genéticos, responsáveis por algo entre 70 e 80% do comportamento, enquanto de 30 a 40% do comportamento se dá em razão de fatores ambientais. A compreensão de que existe um componente ambiental considerável no fato de a criança comer demais deve servir de encorajamento aos pais, pois evidencia que eles podem ajudar seus filhos a desenvolverem melhores hábitos alimentares.

Como os pais podem ajudar seus filhos a regular internamente sua alimentação

Como delineado no Capítulo 2, pela utilização das diretrizes alimentares, os pais podem facilitar a regulação interna da alimentação nas crianças. Essas diretrizes são úteis para todas elas. No entanto, são especialmente importantes para as que comem pouco ou em excesso. Esboçarei como determinadas diretrizes são especialmente importantes para aquelas que comem demais.

1. Aprender a diferenciar fome de saciedade

Tenha refeições regulares e um lanche à tarde, separados por intervalos de três a quatro horas, sem permissão para comer ou beber qualquer coisa entre as refeições, exceto água.

Para uma família normal, o café da manhã pode ser por volta das 7h-8h; almoço em torno do meio-dia; lanche da tarde por volta das 15h; jantar à mesa em torno das 18h30–19h. Antes que essas diretrizes sejam implementadas, os pais devem explicá-las aos filhos de modo que saibam o que esperar e que devem estar preparados para o fato de não mais haver permissão para comer lanchinhos entre as refeições estabelecidas. Quando as crianças protestam e querem comer em outros horários, devem ser informadas de que é obrigatório esperar até a próxima refeição ou lanche.

Quando se permite que comam somente dentro dos horários estabelecidos, as crianças começam a experimentar a sensação de fome e podem então aprender a diferenciá-la da saciedade no final da refeição. Elas também aprendem que devemos comer quando estamos com fome no estômago e não quando há uma comida saborosa por perto.

As crianças precisam receber uma mensagem clara de que comer é algo que se faz apenas durante as refeições e não em qualquer outra situação.

2. Reconhecer a saciedade e o ritmo lento da alimentação

Sirva pequenas porções e permita que a criança tenha outras adicionais até que reconheça que está saciada.

Os pais *não devem restringir os filhos durante as refeições*, mas permitir que comam pequenas porções até que fiquem conscientes de que seu estômago está cheio. Servir pequenas porções e permitir que a criança repita pela segunda, terceira ou quarta vez também desacelera seu ritmo de alimentação.

Esse é um processo de aprendizagem e pode levar um tempo, embora algumas crianças, como Jackie, aprendam em poucos dias quando estão saciadas e precisam parar de comer. Antes de servir a próxima porção, os pais devem perguntar: "Sua barriga ainda está com fome ou está cheia?" Isso ajuda a criança a direcionar sua atenção para o estômago e a verificar "como ele se sente".

Os pais também devem comentar suas sensações de fome e saciedade e, em vez de dizer "Acabei", podem se condicionar a fazer a modelagem para seus filhos dizendo "Estou cheio". Essa linguagem se traduzirá em aumento da consciência das sensações de fome e saciedade.

3. Aprender a comer alimentos apetitosos em pequenas porções

Não tenha lanchinhos e doces à disposição em casa para não tentar a criança, mas, de tempos em tempos, esses alimentos podem fazer parte da refeição regular, e permita que ela possa comê-los primeiro, se assim ela quiser.

Esse é um dos maiores desafios para as crianças e seus pais. A obesidade aumentou não apenas em países ocidentais, mas também na Ásia, uma vez que há maior disponibilidade de lachinhos saborosos, alimentos altamente processados, ricos em carboidratos e gordura, e doces. Crianças ganham doces como expressão de atenção dos familiares, de afeição ou como uma recompensa, e recebem agrados que frequentemente são uma ida à sorveteria ou ao McDonald's. Elas ouvem muitas vezes que têm de comer primeiro o alimento saudável antes de experimentar uma sobremesa doce. Todos esses costumes se transformaram de tal forma em parte da cultura que os pais estão desatentos à mensagem que enviamos para as crianças ao fazer isso e seguem ignorando por que tantas crianças ficam "viciadas em doces".

Desde muito novas, as crianças formam fortes associações entre experiências emocionais e as comidas que lhes são oferecidas. Ao oferecermos guloseimas a elas ao mesmo tempo que expressamos nosso afeto, os doces ficam mais doces, e, ao negarmos a sobremesa até que a criança coma os "alimentos saudáveis", depreciamos o valor destes em sua mente e fazemos aquela mais especial. Por outro lado, quando a sobremesa se transforma em apenas outro alimento da refeição, a criança deixará de supervalorizá-la e aprenderá a comê-la com moderação.

Minha história favorita, descrita no Capítulo 2, é aquela das duas crianças pequenas que imploraram à mãe por M&M's o dia inteiro até o ponto em que ela não podia mais ouvi-las pedir. Quanto mais tentava ignorá-las e evitar que comessem doces, mais insistentes elas ficavam e mais desejáveis os M&M's se tornavam. Quando sugeri que lhes desse um pouco junto com a refeição, ela mostrou-se cética, mas depois acabou fazendo a tentativa. Durante cada refeição, a mãe colocava três M&M's no prato de cada filho. Depois de três dias, ela me contou que, para sua surpresa, as crianças se esqueceram dos M&M's e os deixaram no prato. Os doces tinham se transformado em apenas mais um alimento e perdido sua qualidade especial.

Acredito que, nesta cultura em que vivemos, as crianças precisam ser expostas a alimentos menos saudáveis e mais doces, a chamada *junk food*, para que aprendam a comê-los sem avidez. Isso pode ser feito servindo sobremesas de tempos em tempos, mas não todo dia nem em toda a refeição. Algumas famílias acharam útil ter "dias de sobremesa" em determinadas datas da semana, como terças, quintas e domingos. Isso foi particularmente útil para crianças que estavam acostumadas a ter sobremesas em todas as refeições.

Além disso, os pais devem limitar a quantidade de sobremesa oferecida ao filho. Se a criança pedir mais, eles podem dizer: "Isso é tudo que temos para esta refeição. Você pode comer mais em outro dia."

Como mencionado anteriormente, os pais devem permitir que o filho coma a sobremesa na ordem que preferir – seja primeiro, seja por último. Desse modo, a criança pode escolher quando comê-la e a sobremesa deixará de ser usada como uma recompensa por ela ter comido alimentos mais saudáveis. Curiosamente, alguns pais contaram-me que no início os filhos queriam comer a sobremesa primeiro, mas, depois de algum tempo, quando perceberam que isso não importava para os pais, decidiram comê-la por último.

Essas sugestões são úteis para todas as crianças, mas são mais importantes para aquelas que querem comer alimentos saborosos logo ao vê-los e que gostam tanto deles que não percebem quando já estão saciadas.

4. Aprender a se acalmar sem a ajuda da comida

Entre 1 e 3 anos, as crianças precisam aprender a regular a alimentação, o sono e as emoções.

Essa é a idade na qual elas mostram sua frustração quando as coisas não caminham à sua maneira e fazem as famosas "birras". Essa é a fase em que os pais precisam ensinar aos filhos que determinados comportamentos não são aceitáveis. Dependendo do temperamento da criança, esse pode ser um período de desenvolvimento muito desafiador. Algumas aprendem a interromper seu comportamento malcriado quando os pais lhes fazem uma advertência firme, como: "Não faça isso." Contudo, outras testam os limites e mesmo depois de repetidos avisos olham diretamente nos olhos dos pais e continuam a fazer o que lhes agrada.

Como explicado no Capítulo 3, "Estabelecendo limites para o pequeno chefe da família", algumas crianças forçam os limites e tentam controlar seus pais. O que ambos aprendem durante esse tempestuoso período de desenvolvimento é que tomar mamadeira e comer lanchinhos podem tranquilizá-las e mantê-las calmas. Isso é especialmente efetivo em crianças que gostam de beber ou comer. Elas aprendem que, quando tomam mamadeira ou comem, podem ficar calmas. Observei muitos pais que viajam com mamadeiras e "coisinhas para comer" para ajudar seus filhos a se manterem calmos quando ficam aborrecidos ou agitados durante uma viagem, ou quando estão no mercadinho ou no consultório médico. Contudo, essa é a maneira como as crianças aprendem o comer emocional para lidar com a "fome do coração".

Esses anos iniciais são críticos para ensinar as crianças a diferenciarem a fome física das necessidades emocionais. Os pais precisam alimentar seus filhos nos horários das refeições, quando eles estão com fome, e não devem oferecer mamadeiras ou comida em outros momentos quando pedem para beber ou comer para tranquilizar suas emoções. Os filhos podem ficar aflitos e fazer birra quando os pais não cedem, mas eles precisam aprender a se acalmar sem a comida. No Capítulo 3, foi explicado em detalhes como os pais podem usar o procedimento de pausa para ensinar as crianças a aceitarem limites e a se acalmarem sozinhas. Essa aprendizagem é importante para todas elas, mais ainda para aquelas que gostam do efeito tranquilizador de tomar mamadeira e comer. Uma vez que aprendem a contar com o comer emocional, é muito difícil livrá-las desse hábito, como será explicado mais adiante no caso de Anna.

5. Aprender a ver televisão ou ir ao cinema sem comer

É melhor não estabelecer hábitos desajustados de alimentação quando a criança é nova porque fica cada vez mais difícil mudar à medida que ela fica mais velha.

Comer diante da televisão é uma combinação que se transformou em um hábito muito comum na sociedade americana. Aparentemente, todos fazem isso e ninguém parece questionar se esse hábito é uma boa ideia. Pipoca e cinema ficaram tão interligados que as crianças contam com ela, salgadinhos ou guloseimas para realmente aproveitarem o filme. O que os pais precisam saber é que, quando as crianças comem e assistem a um filme interessante, elas não prestam atenção se estão satisfeitas ou não. Crianças com pouco apetite podem se esquecer da pipoca enquanto estão entretidas com o filme; entretanto, aquelas que gostam de comidas saborosas comerão sem levar em conta a fome até que o alimento ou o filme acabem.

Como funciona

Discutirei o comportamento e padrões alimentares de três crianças pequenas que apresentavam vários graus de obesidade, e como os pais responderam às nossas recomendações.

O caso de Mark

A história desta criança revela uma forte vulnerabilidade genética e ambiental, em um cenário em que ambos os pais têm sobrepeso e reações diferentes ao início precoce da obesidade do filho. Mostra a inabilidade dos pais de cumprirem as diretrizes alimentares.

Mark tinha 4 anos quando sua mãe o trouxe para uma avaliação por causa do seu rápido ganho de peso. Ela estava preocupada com a perspectiva de que ele ficasse tão pesado que não conseguisse correr, que sofresse *bullying* de crianças mais velhas e que ficasse agressivo quando provocado. A mãe revelou que lutara contra a balança durante toda a sua vida e que não queria que seu filho tivesse que viver lutando contra a obesidade. Ela admitiu que seu marido também estava acima do peso, mas não se preocupava com isso e não quis acompanhá-la na consulta, porque não via nada de errado com o fato de Mark ser uma "criança grande".

A mãe contou-me que Mark nasceu grande, pesando 4,310 kg, que era um comedor ávido desde o início, que tinha triplicado seu peso aos 6 meses, enquanto a maioria das crianças não consegue isso antes de 1 ano. Quando a comida sólida foi introduzida em sua dieta, ele comia bem e terminava qualquer coisa que lhe fosse servida. Gostava da sua mamadeira e não ia dormir sem ela. Depois de um ano, ele começou a ficar com um temperamento ruim, mas se acalmava facilmente quando recebia sua mamadeira. Ele não a largou até os 3 anos, quando foi matriculado em uma escola de educação infantil. Aos 4 anos, ele ainda tomava mamadeira na hora de dormir.

A mãe revelou que ela e seu marido gostavam de lanchar e que não tinham quaisquer refeições regulares. Quando chegava da escola, Mark gostava de se sentar diante da televisão e lanchar vendo seus programas favoritos. Ela me explicou que frequentemente tentava fazer dieta e, às vezes, pulava algumas refeições, mas sempre fazia o jantar para o marido e o filho. A mãe sentia que seria melhor se não permitisse que o menino lanchasse dessa maneira, mas ele ficava tão bravo e exigente quando tentava retirar os lanchinhos que ela acabava cedendo.

A avaliação de Mark revelou que ele comia em um ritmo rápido, especialmente os pratos de que gostava, que não podia ver coisinhas para beliscar sem pedi-las, que tinha pouca consciência de saciedade e queria comer constantemente, e que comia e bebia por prazer e para se acalmar.

Eu delineei as diretrizes alimentares para a mãe de Mark e salientei a importância de ambos os pais estarem de acordo para que o tratamento funcionasse. Ela estava preocupada com o filho e disse-me que iria tentar convencer o marido a participar do tratamento dele. Falou-me que ligaria assim que estivessem prontos para voltarem juntos. Como não tive notícias durante dois meses, liguei para a mãe e ela me disse que ainda estava tentando "fazer a cabeça do marido".

Nunca mais tive notícias dessa família e fico imaginando o que aconteceu com Mark à medida que ele cresceu.

O caso de Katrina

A história dessa criança ilustra a vulnerabilidade genética para a alimentação excessiva, a luta dos pais para controlar a alimentação e o peso da filha, e a implementação bem-sucedida das diretrizes alimentares.

Katrina tinha 3 anos quando seus pais a trouxeram para uma avaliação porque estavam preocupados com a possibilidade de que ela ficasse obesa se não controlassem seu comportamento alimentar. Naquele momento, ela estava apenas com um pouco de sobrepeso e não teria causado preocupação em outros adultos que não conhecessem sua história alimentar.

Os pais de Katrina tinham peso normal, mas seu avô paterno era bastante obeso, e eles estavam preocupados com a possibilidade de que ela seguisse os passos do avô. Ainda bebê, ela não ficava satisfeita ao mamar 170 mL de leite, chorava no fim de cada mamada e seus pais geralmente acabavam dando-lhe 280 mL de fórmula infantil a cada vez que a alimentavam. Ela ganhou peso rapidamente, era alta e estava um pouco acima do peso desde o tempo em que era bebê.

Quando aprendeu a comer sozinha, a menina gostava de muitos alimentos e sempre queria o que o resto da família estava comendo. Ela se alimentava rapidamente e costumava acabar sua porção enquanto seus pais e irmão ainda estavam comendo. Antes de aprender a falar, sinalizava que queria mais, e logo "mais" se tornou uma de suas primeiras e favoritas palavras. Ela era um menininha alegre que chegava ansiosamente à mesa e em geral era a última a deixá-la.

Ao ver seu apetite voraz e seu rápido aumento de peso, os pais começaram a restringir suas porções para desacelerar esse ritmo. Entretanto, quando passou a pegar as coisas sozinha, ela ia até a geladeira e se servia dos alimentos. Quando era impedida por seus pais, fazia birras terríveis e chorava por um longo tempo.

Os pais sentiam que não poderiam deixar nenhuma comida à vista, mas mesmo quando tentavam esconder salgadinhos e afins, ela parecia "farejá-los". Começaram a fazer seus lanches às escondidas, porque, se ela os visse comer, imploraria por sua comida. Os pais se preocupavam com a perspectiva de ela ficar ainda maior se lhe fosse permitido consumir esses salgadinhos e lanchinhos fora de hora.

Embora Katrina fosse uma menininha adorável e brilhante, sua avidez por comida colocou a família sob uma tensão terrível. Os pais entravam em conflito entre si e com a avó sobre como lidar com o comportamento alimentar de Katrina, e, quanto mais tentavam controlar sua alimentação, mais ela queria comer.

Apesar de o sobrepeso de Katrina não ser muito significativo, os pais estavam incomodados com seu ritmo de alimentação, sua avidez por lanchinhos saborosos, e com o fato de que ela poderia ficar comendo até que não houvesse mais nenhum alimento ao seu alcance, sem reconhecer quando estava satisfeita. Entretanto, a avó de Katrina, que vivia com a família e ajudava a cuidar da neta, não estava preocupada com seu comportamento alimentar nem com seu peso, e levou algum tempo para que os pais finalmente a convencessem de que precisavam procurar ajuda. Eles estavam muito aflitos por terem que comer às escondidas para que a filha não os visse e ansiosos para receber algum aconselhamento de como lidar com a busca incessante da menina por comida.

Depois da avaliação, os pais e os avós vieram para conversar sobre as diretrizes alimentares. Todos concordaram que a família passaria a fazer refeições regulares e um lanche à tarde, com Katrina, e que, fora desses horários, não seria permitido comer ou beber, exceto água. Algumas vezes por semana, a família teria sobremesas ou doces na refeição, e a menina receberia uma pequena porção, que poderia ser comida a qualquer momento da alimentação. Se pedisse mais, ela seria informada de que poderia comer mais em uma próxima refeição.

Ela receberia pequenas porções de comida e poderia repetir até que dissesse que se sentia cheia e que não queria mais comer. Discutimos o procedimento de pausa e combinamos que os pais explicariam para Katrina as novas regras de alimentação, assim como o funcionamento da pausa, antes de sua implementação.

A família inteira voltou para uma consulta de acompanhamento três semanas mais tarde. Eles estavam aliviados de não precisar mais comer às escondidas, nem esconder os alimentos de Katrina, e de haver regras claras compreendidas por todos. Durante a primeira semana, ela mostrara dificuldade em reconhecer quando estava cheia e tinha continuado a pedir mais porções mesmo depois de todos os outros terem terminado suas refeições.

Eles observaram que, quando gostava da comida e se era algo doce, ela continuava comendo e, às vezes, repetia de cinco a seis vezes antes de finalmente sinalizar que sua barriga estava cheia. Ao mesmo tempo, quando comia legumes, parecia saciar-se mais rapidamente. Por isso, os pais serviam inicialmente um pouco de suas comidas preferidas e depois adicionavam legumes a cada repetição, o que parecia desacelerar seu ritmo e ajudá-la a sentir saciedade.

A primeira vez que foi servida de bolo, em uma quantidade limitada, Katrina pediu mais e quando foi informada de que aquilo era tudo que os pais tinham para lhe oferecer naquele dia e que poderia ter mais em outra refeição, ela começou a gritar e exigir mais. Pediram-lhe que parasse, mas ela continuou gritando e foi submetida ao primeiro procedimento de pausa. A menina gritou durante quase uma hora até finalmente conseguir se acalmar. Seus pais a elogiaram por acalmar-se e a levaram de volta à mesa para terminar sua refeição sem ganhar nenhum pedaço de bolo. Katrina sentou-se silenciosamente e comeu mais duas vezes antes de dizer que sua barriga estava cheia. Depois desse incidente, uma vez mais, Katrina tentou conseguir mais *cookies*, mas aceitou o "não" de seus pais sem protestar.

A família, e até mesmo a avó, podiam ver a vulnerabilidade de Katrina e o quão difícil era para ela resistir ao apelo das comidas saborosas, especialmente bolos e *cookies*. Eles viram como a menina se deixava levar de tal maneira pelo prazer de comer que não percebia quando sua barriga estava cheia e tinha de parar. Contudo, eles estavam esperançosos de que isso iria melhorar com o tempo e decididos a continuar seguindo as diretrizes alimentares.

Dois meses mais tarde, vi Katrina e sua família mais uma vez. Ela tinha crescido e parecia ter emagrecido um pouco. Quando os observei durante o almoço, a menina estava muito feliz e falante, perguntando a todos o que estavam comendo e do que tinham gostado mais. Ela comeu três vezes, em pequenas porções, e, a cada vez que repetia, mais legumes eram adicionados, o que pareceu desacelerar seu ritmo e ajudá-la a reconhecer que estava cheia.

Os pais relataram que agora esse era seu comportamento típico e que continuava interessada em comida, mas tinha aceitado que não podia comer entre as refeições e que os doces eram servidos em quantidades limitadas em algumas refeições, não em todas. Ela normalmente comia os doces primeiro, mas sabia que não haveria mais em seguida. Katrina evoluiu muito desde a introdução do procedimento de pausa e aprendera a se acalmar quando não conseguia as coisas à sua maneira. Eles sentiam que a vida de toda a família tinha melhorado e que agora conseguiam desfrutar suas refeições juntos.

O caso de Anna

Anna foi uma de minhas primeiras pacientes jovens com obesidade mórbida. Ela estava com tanto excesso de peso que oscilava de um lado para o outro ao andar. Descrevi o caso dela em um estudo anterior (Chatoor, 2007) *porque estava muito entusiasmada pelo modo como os pais conseguiam colocar em prática minhas recomendações e pela resposta de Anna.*

Depois de Anna ter passado por uma minuciosa investigação médica, que não revelou nenhuma causa fisiológica para o seu apetite voraz e obesidade mórbida, seus pais estavam ansiosos para encontrar um modo de evitar que ela seguisse os passos de seu tio e sofresse todas as consequências desse transtorno alimentar. Embora tivesse apenas 2 anos, ela era notavelmente brilhante e capaz de manter uma conversação. Os pais e eu sentimos que a menina estava cognitivamente preparada para compreender as diretrizes alimentares.

Depois de ter repassado as diretrizes alimentares com os pais, eles iriam explicar para Anna que, a partir daquele momento, todos teriam café da manhã, almoço, lanche da tarde e jantar juntos à mesa, e que não haveria mais alimentação em outros momentos. Se tivesse sede, poderia beber água. Ela receberia pequenas porções e poderia repetir uma, duas, três vezes até que sentisse sua barriga cheia. Se não escutasse e chorasse por querer comer fora dos horários ou caso se comportasse mal de outras maneiras, ela seria submetida a um procedimento de pausa para aprender a se acalmar. Esse procedimento deveria ser explicado antes de ser implementado.

Tive uma sessão de acompanhamento com a família duas semanas mais tarde e os pais estavam satisfeitos com o progresso que tinham feito com Anna. No primeiro dia, quando pediu um suco e algo para comer e foi-lhe dito que só poderia beber água, ela gritou e teve que ser submetida ao seu primeiro procedimento de pausa. A menina chorou por mais de uma hora até finalmente conseguir se acalmar. Depois disso, deixou de pedir lanchinhos. Contudo, transferiu seu protesto para a hora de trocar fralda, gritando, e para o momento de atravessar a rua, recusando-se a dar a mão para a mãe.

Anna também havia testado seus pais quando começou a ser servida de pequenas porções por vez. Durante os primeiros dias, repetiu duas e três vezes, mas depois de alguns dias parou no segundo prato e, às vezes, ficava satisfeita com apenas uma porção. Os pais ficaram muito encorajados pela capacidade da filha de reconhecer a saciedade e de aceitar o fato de não haver mais alimentação fora das refeições e do lanche da tarde. Incentivei-os a também usar o procedimento de pausa para outros problemas comportamentais dela.

Um mês mais tarde, durante um acompanhamento por telefone, os pais descreveram quão bem as coisas estavam indo, que sua papada no pescoço tinha diminuído um pouco, e que parecia muito feliz com as novas regras de alimentação. Ela parecia ter aprendido a reconhecer quando estava saciada e, normalmente, satisfazia-se com apenas duas porções.

Contudo, um ano depois, recebi uma ligação de seu pai dizendo que embora estivesse indo muito bem com sua alimentação e tivesse alcançado o peso normal para sua idade, Anna tinha desenvolvido um temperamento terrível e não conseguia acalmar-se quando ficava chateada. Eles estavam muito cautelosos com ela por terem medo de perturbá-la e acabarem tendo que ouvir seus gritos por um longo tempo. O pai disse-me que não podiam continuar daquela maneira e que precisava de ajuda para lidar com o temperamento da filha.

Quando veio me ver, Anna estava com 3 anos e estava muito bem, com peso normal. Ela estabelecia interações facilmente e tinha um controle notável da língua para a sua idade, mas quando quis falar sobre suas birras, ela me disse que não iria conversar comigo e atirou-se ao chão, batendo os braços e chutando ao mesmo tempo que gritava com todas as suas forças.

Pedi para a mãe ir para fora da sala para observar por detrás de um espelho falso enquanto eu ficava sentada ao lado de Anna. Esperei até que ela se acalmasse. Levou mais de meia hora para que a menina ficasse imóvel, com o rosto virado para o chão, recuperando o fôlego depois de toda a sua gritaria. Disse-lhe gentilmente que era muito difícil se acalmar, mas que ela tinha conseguido sozinha, e que sua mãe ficaria muito orgulhosa ao saber disso. Quando se levantou e me olhou, ela tinha aquela expressão de espanto em seu rosto, parecendo pensar: "*Afinal, eu consegui*", e estava ansiosa para que compartilhássemos isso com a mãe. Depois daquela hora tempestuosa em meu consultório, fui informada pela mãe que desde então Anna precisava de apenas poucos minutos de choro até conseguir se acalmar. Alguns anos mais tarde, quando o pai me ligou para solicitar ajuda com seu filho, ele comentou que Anna tinha se transformado em sua filha "tranquila".

Como delineei nos relatos desses três casos, as diretrizes alimentares funcionam somente quando ambos os pais participam e podem ajustar seus próprios comportamentos alimentares para modelar hábitos de alimentação saudáveis para seus filhos. Isso não é fácil e frequentemente requer mudanças em seu estilo de vida. Fiquei impressionada com a capacidade dos pais de crianças pequenas para realizar essas mudanças a fim de ajudá-las. Embora não tenham conseguido por si mesmos antes, ao ficar claro que mudar significa ajudar seus filhos, eles ficam motivados a fazer essas mudanças em seu comportamento alimentar. Como sempre digo a eles: *"O que é bom para os filhos, também é bom para vocês."* Embora inicialmente possa ser difícil ter refeições regulares e abster-se de comer nos intervalos entre elas, uma vez estabelecidos, esses hábitos proporcionam estrutura e previsibilidade para a vida familiar, o que, por sua vez, proporciona segurança para as crianças.

Capítulo 9

Todos a bordo!

A importância das refeições em família

Quando comecei a atender crianças com transtornos alimentares, há mais de 20 anos, geralmente as mães chegavam com os seus pequeninos e assumiam a responsabilidade de trabalhar comigo ajudando-os a superar suas dificuldades alimentares. Contudo, algumas delas me perguntavam ao marcar a consulta: "Meu marido precisar ir?", e eu respondia: "Sim, o pai deve vir porque a *alimentação é um assunto de família*." Logo percebi como eram muito mais efetivas as intervenções quando ambos os pais vinham e trabalhavam juntos para ajudar seus filhos.

Naqueles primeiros anos, as mães frequentemente davam desculpas por seus maridos, como dizer que estavam muito ocupados para poder acompanhá-las nas consultas, mas nos últimos 10 anos notei uma mudança muito interessante. Sem perguntar sobre quem deve comparecer, ambos os pais, na maior parte dos casos, trazem seus filhos para a avaliação e continuam unidos trabalhando conosco para ajudá-los. Isso fez que as intervenções fossem muito mais efetivas, e, a essa altura, sinto que não posso tratar uma criança com sucesso sem que ambos os pais participem do tratamento.

Observei que, quando crianças pequenas têm dificuldades alimentares, alimentá-las muitas vezes se transforma em um trabalho de tempo integral para as mães. Com muita frequência, ela se dedica durante horas a alimentar o filho e está exausta no fim do dia, quando o marido volta para casa. Ela não reserva um tempo próprio para se alimentar e, com frequência, come o alimento que a criança se recusa a comer, fazendo uma refeição com o marido no fim do dia. Não há refeições em família, e a criança não consegue ver seus pais comerem. Como apontei ao longo deste livro, a modelagem alimentar feita pelos pais é muito importante para os filhos. Crianças pequenas são excelentes observadoras – elas aprendem observando os pais e outras crianças. É assim que aprendem a andar e falar, e também a comer. Querem comer e beber aquilo que veem nos pratos e nos copos de seus pais, mesmo quando têm os mesmos alimentos em seus próprios pratos e as mesmas bebidas em seus próprios copos.

Além disso, todos da família precisam se alimentar e as refeições devem ser um momento compartilhado em família, um momento que pode proporcionar proximidade e união. Eu costumo dizer aos pais: o que é bom para seu filho é bom para vocês também. Mães e pais devem ter um tempo reservado para refeições regulares, assim como seus filhos. Quando não conseguem encontrar tempo para compartilhar as refeições e todos comem em momentos diferentes, geralmente estamos diante do início da desintegração da família. Por outro lado, muitos pais me disseram que um dos melhores resultados do tratamento foi que eles agora desfrutavam de refeições em família, que se transformaram em momentos agradáveis de convívio.

O papel dos avós

Embora nos países ocidentais sejam menos comuns os casos de grandes famílias vivendo sob o mesmo teto, os avós e outros parentes costumam ter um papel importante na educação das crianças. Com muita frequência, os avós têm as suas próprias ideias de como alimentar seus netos e nem sempre concordam com o modo como seus filhos alimentam ou educam seus próprios filhos. Isso costuma levar a conflitos intensos, e os pais podem se sentir incapazes e incompreendidos por seus próprios pais na luta para alimentar suas crianças.

Presenciei esse fato principalmente entre as crianças consideradas "chatas para comer". Podem ser aquelas com pouco apetite, que têm anorexia infantil, ou as seletivas, por causa de aversões alimentares sensoriais subjacentes. As crianças podem ser muito determinadas e se recusar a comer o que foi preparado pelos avós ou podem comer algo na casa deles que não comem em seus próprios lares. Frequentemente, a conclusão dos avós é que os netos são "mimados" e que os pais devem estar fazendo alguma coisa errada para que essas crianças sejam tão "chatas para comer".

As gerações anteriores de pais em geral não acreditam que se deva dar opções de escolha de comidas para as crianças. Comia-se o que estava no prato, e ponto final. Eles lembravam a seus filhos de outras crianças em outros países que não tinham o que comer e de sua sorte por terem algo para se alimentar. Comer tudo o que estava no prato era uma prática muito comum e aceita, e muitos mantinham os filhos à mesa até que comessem tudo o que lhes era servido. Escutei de alguns pais histórias muito intensas de como haviam sofrido na infância.

Uma mãe me disse que ainda se recordava de umas férias de verão, quando tinha 3 anos, em que sua mãe lhe dissera que ela não sairia da mesa enquanto não comesse tudo o que estava em seu prato. Ela simplesmente não conseguia comer, pois estava sem fome. Quando a mãe terminou de comer, deixou-a com a babá e foi para a praia. Depois de um tempo, a babá se levantou e foi fazer seu trabalho. Ela se lembrava de não conseguir comer e de ter ficado sentada à mesa até escurecer, quando a mãe finalmente voltou. Ao ver que a filha não tinha comido, decidiu mandá-la para a cama e disse que ela só poderia comer no dia seguinte, no café da manhã. Ela recordava que essas batalhas para comer levavam a outras batalhas por controle e acabaram por envenenar seu relacionamento com a mãe até a vida adulta.

As gerações anteriores também não aceitam que as crianças não queiram comer determinados alimentos. Um pai cujo filho tinha aversões alimentares sensoriais, e que teve aversões semelhantes quando criança, compartilhou comigo uma experiência terrível de sua infância. Ele me contou que não conseguia comer vagem, que ao tentar fazê-lo tinha ânsias e vomitava. Mas o pai acreditava que ele fazia isso de propósito e certa vez, quando se recusou a comer o legume, o pai pegou a colher e o alimentou. A cada colherada, ele engulhava e vomitava, mas o pai continuou a alimentá-lo com a vagem até que a tigela estivesse vazia. E concluiu dizendo ao menino que sentia muito por não ter mais vagem para fazê-lo comer.

Também aprendi que nas famílias asiáticas as questões com os avós podem ser um pouco diferentes. Em geral, crianças de países asiáticos são alimentadas por seus pais ou avós por um período mais longo e frequentemente dormem com os pais até os 2 anos de idade, ou, às vezes, até os 5 anos. Contarei novamente essa interessante história relatada para mim por uma amiga que veio da Índia. Quando ela tinha que trabalhar por períodos mais longos, a sogra cuidava de sua filha. Uma semana depois de a menina começar a frequentar o jardim da infância, minha amiga recebeu uma ligação da professora dizendo-lhe que queria conversar sobre a alimentação da filha. Ela ficou surpresa porque não tinha conhecimento de que a menina tivesse problemas alimentares. Então, a professora lhe disse que todos os dias a menina ia com sua lancheira e a colocava sobre a mesa como as outras crianças. Contudo, ela ficava apenas sentada e não comia. Quando minha amiga perguntou para a filha por que não comia seu lanche, ela respondeu: "A professora não me dá a comida." Ela descobriu então que a avó da menina ainda estava dando comida em sua boca e que a filha esperava que a professora fizesse o mesmo.

Outra colega e amiga revelou-me que nasceu depois de ter sido introduzida a política de "apenas um filho" na China. Ambos os pais trabalhavam e sua avó cuidava dela. Ela tinha pouco apetite e não gostava de comer. Durante as refeições, o avô e a avó sentavam-se junto com ela, um de cada lado, e a estimulavam a comer mais. À noite, os pais se juntavam à mesa e todos os quatro lhe diziam para comer mais. Quanto mais a pressionavam, menos conseguia comer, e quando entrou na escola era pequena e franzina. Ao perceber que ela estava comendo muito pouco no lanche, a professora levou-a pela mão até a parte de trás da cozinha da cantina. Levantou a tampa de uma daquelas panelas enormes com água fervente e disse-lhe que a colocaria lá dentro caso ela não começasse a comer mais. E assim essa minha amiga aprendeu a comer por medo de ser colocada em água fervente.

Como ilustrei com esses casos, as gerações anteriores, ocidentais e orientais, tinham diferentes crenças sobre o que era melhor para as crianças. Essas diferenças geracionais na maneira de tratar aquelas que se recusam a comer podem levar a conflitos entre pais e avós. No entanto, os pais devem ter uma discussão aberta com seus próprios pais sobre como veem os problemas alimentares de seu filho e sobre o que devem fazer conjuntamente. Eles devem salientar a importância de todos os adultos transmitirem a mesma mensagem para a criança. Alguns pais com quem trabalhei tiraram cópias das diretrizes alimentares e do procedimento de pausa e entregaram aos avós da criança. Então, discutiram como todos precisavam estar a bordo do mesmo barco para ajudá-la. Espero que este livro possa não apenas ensinar aos pais a alimentarem seus filhos de forma adequada, mas que também contribua para trazer os avós a bordo nessa jornada.

O papel de outros cuidadores

Com as mães voltando a trabalhar cada vez mais cedo depois de terem os seus filhos, os *cuidadores substitutos* (babás, *baby-sitters*, funcionários de creches) passaram a ter um papel muito importante na alimentação das crianças pequenas.

As *babás* assumem total responsabilidade por elas durante o dia e até mesmo na importante refeição do início da noite, o jantar. Cuidar da criança e alimentá-la é o modo como ganham seu dinheiro, frequentemente usado para sustentar seus próprios filhos, que ficam sob os cuidados dos avós. Já observei babás extraordinárias, que pareciam ter uma intuição natural de como lidar com a recusa alimentar da criança, tais como quando esperar ou quando estabelecer limites. Por outro lado, ouvi histórias muito tristes de profissionais que forçavam as crianças a comer e agravavam suas dificuldades alimentares.

Assim como os pais, as babás também estão sob uma pressão que, embora seja diferente, é igualmente intensa, por terem de fazer a criança comer. Sua subsistência depende disso. Podem perder seus empregos, se a criança não comer. Dependendo de sua experiência com práticas alimentares usadas por seus próprios pais, elas podem ter algumas ideias diferentes de como alimentar uma criança com sucesso. Podem ser muito permissivas e não estruturar as refeições, ou recorrer à força para alimentar a criança. Os pais não devem confiar apenas nos relatos das babás; precisam observá-las durante a refeição dos filhos para ficarem cientes de como elas lidam com a situação. Contudo, às vezes, as crianças se comportam de modo diferente quando os pais estão por perto. Vi babás serem bem-sucedidas no trabalho de alimentar crianças que, quando os pais estavam por perto, queriam apenas brincar ou chamar a atenção deles em vez de comer. A atenção dos pais é mais importante do que a comida. Gravar a alimentação sendo feita pela babá pode ser uma maneira de obter um entendimento melhor do que acontece durante as refeições.

No entanto, o mais importante é que os pais orientem a babá nas práticas alimentares que usam e que querem que ela utilize, além de repassar as diretrizes alimentares e também a solução de problemas de como e quando alimentar. Orientar a babá é essencial para que tudo funcione. É muito importante que exista uma continuidade entre o que os pais fazem em relação à alimentação e aquilo que querem que as babás façam.

Isso é um pouco mais difícil quando se trata dos cuidadores de uma *creche ou jardim de infância*. Eles cuidam de muitas crianças e não têm tempo ou competência para prestarem atenção em uma criança com problemas alimentares. Infelizmente, algumas das rotinas dessas instituições não funcionam muito bem para crianças com problemas alimentares específicos. Muitas oferecem lanchinhos frequentes durante a manhã, o que compromete o apetite de uma criança com anorexia quando chega a hora do almoço. Elas também fornecem a mesma comida para todos, o que pode significar um problema para aquelas crianças que têm aversões alimentares sensoriais. Vi crianças em idade pré-escolar que gritavam e não queriam voltar para a escola porque o professor havia tentado fazê-las comer algo de que tinham medo.

É importante que os pais estudem as regras da creche ou jardim da infância para encontrarem maneiras de ajudar na adaptação de seu filho às outras crianças. É útil explicar os problemas alimentares do filho ao professor. Assim, professor e pais podem resolver, conjuntamente, o problema de como lidar com a criança durante as refeições na creche ou jardim da infância. Se a criança tem aversões alimentares sensoriais e medo de comer a refeição oferecida na escola, os pais podem providenciar alimentos de que ela goste para substituí-la. Conhecendo o problema, o professor pode lidar com as preferências alimentares da criança de uma forma neutra, sem entrar em lutas de poder.

Se a criança tem anorexia e não come muito no almoço quando tem o lanche da manhã, o professor pode lhe dar apenas uma pequena porção do lanche para que não se sinta deslocada, mas ainda tenha fome na hora de almoçar. Crianças pequenas querem fazer e comer o que as outras crianças fazem e comem, o que pode ser muito útil para algumas delas. Ao verem outras crianças comerem e apreciarem a comida, elas podem se sentir estimuladas a prová-la também. Contudo, aquelas que têm anorexia infantil tendem a ficar tão ocupadas em observar o que as outras estão fazendo ou comendo que parecem se esquecer de comer. É importante que o professor saiba disso para que possa sentar a criança em um lugar que minimize as distrações.

*　*　*

Como ilustrei por meio desses exemplos, cada criança pode responder de forma diferente quando está sob a responsabilidade de outros cuidadores. É importante que os pais ajudem aqueles que os ajudam a cuidar de seu filho, entendam as dificuldades particulares que a criança possa ter, e se envolvam na solução dos problemas de como lidar com o filho. Todos precisam estar a bordo do mesmo barco, começando por ambos os pais, incluindo avós, babás, *baby-sitters*, cuidadores de creches, professores de educação infantil, todos juntos para ajudar a criança a ter sucesso.

Referências bibliográficas

Ammaniti M, Lucarelli L, Cimino S, D'Olimpio F, Chatoor I. "Feeding Disorders of Infancy: A Longitudinal Study to Middle Childhood", *International Journal of Eating Disorders* (2011).

Bartoshuk LM, Duffy VB, Fast K, Kveton JF, Lucchina LA, Phillips MN et al. "What Makes a Supertaster?"[*abstract*], *Chemical Senses* 26 (2001): 1074.

Birch LL. "Development of Food Preferences", *Annual Review of Nutrition* 19 (1999): 41-62.

Birch LL, Marlin DW. "I Don't Like It; I Never Tried It: Effects of Exposure to Food on Two-Year-Old Children's Food Preferences", *Appetite* 4 (1982): 353-360.

Birch LL, Marlin DW, Rotter J. "Eating as the 'Means' Activity in a Contingency: Effect on Young Children's Food Preference", *Child Development* 55 (1984): 432-439.

Birch LL, Zimmerman S, Hind H. "The Influence of Social-Affective Context on Preschool Children's Food Preferences", *Child's Development* 51 (1980): 856-861.

Braet C, Van Strien T. "Assessment of Emotional, Externally Induced and Restrained Eating Behaviour in Nine- to Twelve-Year-Old Obese and Non-obese Children", *Behavior Research and Therapy* 35 (1997): 863-872.

Breen FM, Plomin R, Wardle J. "Heritability of Food Preferences in Young Children", *Physiology and Behavior* 88 (2006): 443-447.

Carruth BR, Zeigler PJ, Gordon A, Barr SI. "Prevalence of Picky Eaters among Infants and Toddlers and Their Caregivers' Decisions about Offering a New Food", *Journal of the American Dietetic Association* 104 (supl.1) (2004): S57-S64.

Chatoor I. "Diagnosis and Treatment of Feeding Disorders in Infants, Toddlers, and Young Children", *Washington, DC: Zero to Three* (2009).

Chatoor I. "Eating and Emotions in Obese Toddlers: Facilitating Self-Regulation", *Journal of Zero to Three: National Center for Infants, Toddlers, and Families* 28 (2007): 37-41.

Chatoor I, Conley C, Dickson L. "Food Refusal after an Incident of Choking: A Posttraumatic Eating Disorder", *Journal of the American Academy of Child and Adolescent Psychiatry* 27 (1988): 105-110.

Chatoor I, Ganiban J, Surles J, Doussard-Roosevelt J. "Physiological Regulation in Infantile Anorexia: A Pilot Study", *Journal of the American Academy of Child and Adolescent Psychiatry* 43(8) (2004): 1019-1025.

Chatoor I, Hamburger E, Fullard R, Rivera Y. "A Survey of Picky Eating and Pica Behavior in Toddlers", *Scientific Proceedings of the Annual Meeting of the American Academy of Child and Adolescent Psychiatry*, vol. X (1994): 50.

Chatoor I, Hirsch R, Ganiban J, Persinger M, Hamburger E. "Diagnosing Infantile Anorexia: The Observation of Mother-Infant Interactions", *Journal of the American Academy of Child and Adolescent Psychiatry* 37 (9) (1998): 959-967.

Chatoor I, Hirsch RP, Wonderlich SA, Crosby RD. "Validation of a Diagnostic Classification of Feeding Disorders in Infants and Young Children", *Developing an Evidence-Based Classification of Eating Disorders: Scientific Findings for DSM-5*, eds. Striegel-Moore RH, Wonderlich SA, Walsh TB, Mitchell JE (American Psychiatric Press Inc.: Arlington, VA, 2011): 185-202.

Cooke LJ, Haworth CM, Wardle J. "Genetic and Environmental Influences on Children's Food Neophobia", *The American Journal of Clinical Nutrition* 86 (2007): 428-433.

De Lucas-Taracena MT, Montañés-Rada F. "Swallowing Phobia: Symptoms, Diagnosis, and Treatment", *Actas Españolas de Psiquiatría* 34 (2006): 309-316.

Duffy VB, Bartoshuk LM. "Food Acceptance and Genetic Variation in Taste", *Journal of the American Dietetic Association* 100 (2000): 647-655.

Essick GK, Chopra A, Guest S, McGlone F. "Lingual Tactile Acuity, Taste Perception, and the Density and Diameter of Fungiform Papillae in Female Subjects", *Physiology & Behavior* 80 (2003): 289-302.

Galef BG, Henderson PW. "Mother's Milk: A Determinant of the Feeding Preferences of Weaning Rat Pups", *Journal of Comparative and Physiological Psychology* 78(2) (1972): 213-219.

Galloway AT, Lee Y, Birch LL. "Predictors and Consequences of Food Neophobia and Pickiness in Young Children", *Journal of the American Dietetic Association* 103 (2003): 692-698.

Hill C, Llewellyn CH, Saxton J et al. "Adiposity and 'Eating in the Absence of Hunger' in Children", *International Journal of Obesity* 32 (2008): 1499-1505.

Jacobi C, Agras WS, Bryson S, Hammer LD. "Behavioral Validation, Precursors, and Concomitants of Picky Eating in Childhood", *Journal of the American Academy of Child and Adolescent Psychiatry* 42(1) (2003): 76-84.

Jansen A, Theunissen N, Slechten K, Nederkoorn C, Boon B, Mulkens S, et al. "Overweight Children Overeat after Exposure to Food Cues", *Eating Behaviors* 4 (2003): 197-209.

Kaplan PR, Evans IM. "A Case of Functional Dysphagia Treated on the Model of Fear", *Journal of Behavior Therapy and Experimental Psychiatry* 9 (1978): 71-72.

Llewellyn CH, van Jaarsveld CHM, Boniface D, Carnell S, Wardle J. "Eating Rate Is a Heritable Phenotype Related to Weight in Children", *American Journal of Clinical Nutrition* 88 (2008): 1560-1566.

Lindberg L, Bohlin G, Hagekull B. "Early Feeding Problems in a Normal Population", *International Journal of Eating Disorders* 10 (1991): 395-405.

McNally RJ. "Choking Phobia: Review of the Literature", *Comprehensive Psychiatry* 35 (1994): 83-89.

Mennella JA, Jagnow CP, Beauchamp GK. "Prenatal and Postnatal Flavor Learning by Human Infants", *Pediatrics* 107 (2001): E88.

Miller IJ, Reedy FE. "Variations in Human Taste Bud Density and Taste Intensity Perception", *Physiology & Behavior* 47 (1990): 1213-1219.

Pliner P. "Development of Measures of Food Neophobia in Children", *Appetite* 23 (1994): 147-163.

Pliner P, Loewen ER. "Temperament and Food Neophobia in Children and Their Mothers", *Appetite* 28 (1997): 239-254.

Schafe GE, Bernstein IL. "Taste Aversion Learning". In E. D. Capaldi (ed.), "Why We Eat What We Eat: The Psychology of Eating" (American Psychological Association: Washington DC, 1996): 31-51.

Skinner JD, Carruth BR, Bounds W, Ziegler PJ. "Children's Food Preferences: A Longitudinal Analysis", *Journal of the American Dietetic Association* 102 (2002): 1638-1647.

Solyom L, Sookman D. "Fear of Choking and Its Treatment: A Behavioral Approach", *Canadian Journal of Psychiatry* 25 (1980): 30-34.

Stunkard AJ, Foch TT, Hrubec Z. "A Twin Study of Human Obesity", *Journal of the American Medical Association* 256 (1986): 51-54.

Stunkard AJ, Sorensen TI, Hanis C, Teasdale TW, Chakraborty R, Schull WJ et al. "An Adoption Study of Human Obesity", *The New England Journal of Medicine* 314 (1986): 193-198.

Wardle J, Carnell S. "Appetite Is a Heritable Phenotype Associated with Adiposity", *Annals of Behavioral Medicine* 38 (2009): S25-S30.

Wardle J, Cooke L. "Genetic and Environmental Determinants of Children's Food Preferences", *British Journal of Nutrition* 99 (2008): S15-S21.

Wardle J, Herrera ML, Cooke L, Gibson EL. "Modifying Children's Food Preferences: the Effects of Exposure and Reward on Acceptance of an Unfamiliar Vegetable", *European Journal of Clinical Nutrition* 57 (2003): 341-348.